HARVARD BUSINESS ESSENTIALS

TOMANDO DECISÕES

HARVARD BUSINESS ESSENTIALS

Outros títulos da série:

Contratando e mantendo as melhores pessoas
Estratégia
Ferramentas para empreendedores
Finanças para gerentes
Gerenciando a crise
Gerenciando mudança e transição
Negociação

HARVARD BUSINESS ESSENTIALS

TOMANDO DECISÕES

RICHARD LUECKE

Tradução
RYTA VINAGRE

Revisão técnica
MARIA CANDIDA SOTELINO TORRES
Mestra em Análise de Sistemas e Pesquisa Operacional pelo IME

EDITORA RECORD
RIO DE JANEIRO • SÃO PAULO

2007

CIP-Brasil. Catalogação-na-fonte
Sindicato Nacional dos Editores de Livros, RJ.

L964t

Luecke, Richard
Tomando decisões / Richard Luecke; consultoria de Alan J. Rowe; tradução Ryta Magalhães Vinagre. – Rio de Janeiro: Record, 2007.
(Harvard Business Essentials)

Tradução de: Decision making: 5 steps to better results
Apêndices
Inclui bibliografia
ISBN 978-85-01-07635-9

1. Processo decisório. 2. Administração de empresas. 3. Sucesso nos negócios. I. Título. II. Série.

07-1470

CDD – 658.403
CDU – 65.012.2

Published by arrangement with Harvard School Press

Título original norte-americano:
DECISION MAKING: 5 STEPS TO BETTER RESULTS

Capa: Sérgio Campante

Impresso no Brasil

ISBN 978-85-01-07635-9

PEDIDOS PELO REEMBOLSO POSTAL
Caixa Postal 23.052
Rio de Janeiro, RJ – 20922-970

EDITORA AFILIADA

Sumário

Introdução

Decisões. Em muitos aspectos, uma empresa é uma série de decisões ligadas por implementação e outras atividades. As decisões ditam o ritmo e a direção; o restante acompanha.

Dada a primazia das decisões, uma empresa só irá competir e ter sucesso se tomar boas decisões consistentemente — ou, pelo menos, decisões melhores do que as de suas rivais. A da Apple Computer, de construir o dispositivo de armazenamento de arquivos de música digital — o iPod —, foi sensata. Essa decisão, e o trabalho de implementação associado a ela, reviveram as fortunas da empresa e elevaram suas ações à estratosfera.

Naturalmente as decisões ruins, em especial aquelas tomadas no topo, são dispendiosas. Considere o caso da contratação de Michael Ovitz como presidente da Walt Disney Company, em 1995. Um ano depois, a Disney se arrependeu de sua escolha e demitiu Ovitz, com um custo de rescisão de 140 milhões de dólares. É muito a pagar por uma decisão ruim. Mas ainda haveria mais sofrimento. Um grupo de acionistas processou o conselho da Disney por abrir mão dessa quantia considerável em nome de um funcionário cujo trabalho o conselho julgou inferior. Esse processo, ainda em andamento na época da redação deste livro, foi um golpe para a empresa, com o gasto de mais milhões de dólares em custas judiciais, e enredou os altos executivos e diretores em testemunhos e comparecimentos aos tribunais. A organização saiu maculada dessa confusão.

Mas US$ 140 milhões são um preço baixo se comparado com as perdas que as empresas sofrem quando os agentes de decisão fazem acordos de fusão e aquisição ruins. A fusão em 2002 entre a Hewlett-Packard e a Compaq custou aos acionistas da HP US$ 24 bilhões em ações, cerca de 37% dos ativos totais da empresa. Dois anos depois do dispendioso acordo, o preço das ações da HP se arrastava no S&P 500* (enquanto a rival Dell florescia) e a empresa não conseguiu nada da prometida melhoria de margem em sua operação de fabricação de computadores.

Os líderes em geral tomam decisões ruins porque não têm todas as informações de que precisam e porque o futuro é cheio de incertezas. A compreensão tardia facilita a avaliação de opções passadas, mas os agentes de decisão não têm esse benefício. Eles em geral se vêem voando no escuro, guiados somente por dados incompletos, pelo conselho de colegas e "especialistas" —, e por sua própria intuição.

Até que ponto as decisões tomadas por sua empresa são boas? É possível que elas não sejam perfeitas. Isso é de esperar, porque a perfeição é impossível. Ainda assim, você e seus colegas podem chegar mais perto dela se tiverem uma metodologia sólida para a tomada de decisões e alguma consciência das armadilhas que podem ser comuns nesse processo. Este livro almeja desenvolver em você ambas as capacidades.

Harvard Business Essentials: Tomando decisões apresenta um processo de decisão lógico e testado ao longo do tempo — um processo que você pode aplicar em quase todas as situações complexas. O processo inclui ferramentas para avaliar as várias alternativas que o ajudarão a chegar a suas metas. Também aumentará sua consciência sobre as excentricidades individuais e organizacionais que levam pessoas inteligentes a fazerem escolhas ruins. E, por fim, este livro lhe dirá como fazer da tomada de decisão eficaz um hábito em sua organização.

Por ser um livro introdutório, este não abrange toda a teoria e a metodologia com que os acadêmicos contribuíram para o campo da tomada de decisões ao

*S&P500: STANDARD & POOR's 500. O S&P 500 é um índice que consiste em 500 ações escolhidas por tamanho de mercado, liquidez e representação de grupo industrial. Ele é um índice ponderado de valor de mercado (preço de ação vezes número de ações em circulação) com o peso de cada ação no índice proporcional a seu valor de mercado. O "500" é uma das marcas mais amplamente usadas do desempenho patrimonial norte-americano.

longo dos anos. Isso exigiria muitos volumes. Seu objetivo é mais prático e mais imediato: ajudá-lo a ter um bom começo sempre que você enfrentar uma decisão importante. Esteja você considerando a compra de outra empresa, ou a substituição de seu sistema de TI, a compra ou o aluguel de equipamento ou ainda a contratação de seu sucessor, o processo e os conceitos deste livro mostrarão como abordar o problema — e como evitar uma decisão ruim.

O que temos pela frente

Como outras atividades importantes de negócios que pretendem converter insumos em resultados, a tomada de decisões deve ser abordada como um processo. Desse modo, é possível instruir os participantes nos passos do processo, garantir a qualidade uniforme e melhorar o valor de suas decisões por meio do aprendizado e da experimentação. O Capítulo 1 apresenta uma visão geral do processo de decisão em cinco passos. O Capítulo 2 examina o primeiro desses passos: criar um contexto para o sucesso. É difícil tomar boas decisões em organizações afetadas por sectarismo e pelo hábito de defender opiniões pessoais.

O passo seguinte é contextualizar adequadamente a questão. O Capítulo 3 explica como nossos pressupostos, metas, experiências e expectativas podem influenciar o modo como contextualizamos um problema ou uma questão, e dá dicas sobre como evitar que eles impeçam uma percepção verdadeira do problema.

O Capítulo 4 trata da busca de alternativas. As boas decisões dependem de alternativas. Você aprenderá as características das boas alternativas e um método para gerá-las. O próximo passo é avaliar cada uma delas objetivamente. O Capítulo 5 descreve ferramentas que você pode usar para esse propósito: valor presente líquido (VPL), a matriz de priorização, a tabela de *trade-off* e a árvore de decisão. Ele também descreve vários tipos de software que podem ser utilizados na tarefa da avaliação de alternativas.

A essa altura do processo, você deve tomar uma decisão. Mesmo com as avaliações de todas as alternativas à mão, essa decisão nem sempre é fácil —

principalmente quando está nas mãos de um grupo. O Capítulo 6 propõe três técnicas para motivar um grupo a entrar em acordo sobre uma decisão e explica o primeiro passo para implementá-la.

Os demais capítulos consideram as questões mais amplas que têm impacto sobre a qualidade da decisão. O Capítulo 7 ataca o problema espinhoso da incerteza. As decisões tratam do futuro, para o qual não existem informações; em geral, as informações que usamos rotineiramente para chegar às decisões são incompletas. O capítulo oferece uma abordagem em três passos para lidar com a incerteza e descreve várias táticas para atenuar seus efeitos. Ele também discute como você pode usar sua intuição ao tomar decisões sérias obscurecidas pela incerteza.

A incerteza não é o único perigo enfrentado pelos agentes de decisão. Eles também devem combater seus próprios defeitos — comportamentos e pensamentos que costumam resultar em decisões ruins: a obstinação, o excesso de confiança, analogias falsas e um viés para as evidências que confirmam as próprias opiniões. O Capítulo 8 trata desses defeitos e dá dicas sobre como contra-atacá-los. O Capítulo 9 segue com uma discussão dos hábitos sociais e organizacionais que geram os mesmos efeitos prejudiciais.

O último capítulo do livro explica o que fazer para tornar sua organização mais bem capacitada para a tomada de decisões — e em todos os níveis. Estes incluem treinamento, prática e a aplicação da melhoria contínua.

O Apêndice A contém ferramentas úteis, inclusive uma lista de verificação projetada para possibilitar um bom começo à sua decisão. O Apêndice B explica os detalhes de várias ferramentas financeiras que podem ser utilizadas na avaliação de alternativas, inclusive uma ferramenta interativa pela internet para fazer uma análise de ponto de equilíbrio. Esta e outras ferramentas usadas na série Harvard Business Essentials estão disponíveis em www.elearning.hbsp.org/businesstools.

O final do livro também contém um glossário de termos exclusivamente relacionados com a tomada de decisões. Sempre que você encontrar uma palavra em itálico no texto, sua definição estará listada no glossário.

Por fim, incluímos uma seção intitulada "Leituras recomendadas", a qual lista livros e artigos disponíveis que lhe podem informar mais sobre os tópicos abordados neste livro.

O conteúdo de *Tomando decisões* baseia-se em vários livros, artigos e publicações *online* da Harvard Business School Publishing — em particular, o módulo Tomada de Decisões de Negócios do Harvard ManageMentor®, um serviço *online*. Todas as outras fontes são destacadas em notas ao final do livro. Várias pessoas também contribuíram com informações ou exemplos usados no texto — em particular, David Matheson, George Labovitz e Kim Wallace. Nosso muito obrigado a eles.

1

O processo de decisão

Os cinco passos fundamentais

Principais tópicos abordados neste capítulo

- *A tomada de decisões como um processo*
- *Cinco passos do processo para boas decisões*

COMO GERENTE, você toma decisões todo dia. Algumas são simples, como determinar a qual de seus subordinados deve ser atribuído um projeto em particular. Outras são complexas, como selecionar um novo fornecedor. Considere estes dois exemplos:

O departamento financeiro está se mudando para uma nova sede, e Samantha, a chefe do departamento, precisa de alguém que represente as finanças em uma equipe de alocação de espaço da empresa. Para Samantha, essa é uma decisão de delegação simples: qual dos subordinados será mais eficaz como representante de seu departamento? Essa pessoa deve ser assertiva, deve saber trabalhar com eficiência em equipe e deve entender as necessidades de espaço do departamento financeiro. Samantha conhece muito bem seu pessoal e a capacidade dele. Ela também sabe quem pode assumir uma responsabilidade a mais. Assim, colocar George na tarefa é uma decisão fácil, e ele está ansioso para aceitar a atribuição. Haverá conseqüências, é claro. George terá menos tempo para suas tarefas diárias, mas nem ele nem sua gerente vêem isso como um problema importante.

Nem todas as decisões são fáceis assim. Algumas envolvem *trade-offs* (opções excludentes), perigos e a interação de vários fatores, como o risco e o custo do fracasso. Considere a seguinte situação, mais complexa:

A Precision Interiors (um nome fictício) projeta e fabrica bancos de passageiros e interiores para fabricantes de automóveis na Europa e na América do Norte. Para continuar competitiva, ela deve melhorar continuamente seus projetos e incorporar materiais que aumentem o conforto e a segurança do passageiro dentro de limites de custo e durabilidade. Neste sentido, uma de suas equipes estava conversando com a FiberFuture (outro nome fictício), um pequeno fornecedor que desenvolveu um novo material chamado Zebutek, que resiste ao fogo, ao impacto dos amortecedores e absorve o barulho da estrada melhor do que as alternativas disponíveis. "Se usarmos o Zebutek no revestimento interno do teto e das portas", especula um engenheiro, "ele poderá nos dar uma vantagem real. Custa mais do que o material que estamos usando, mas os clientes certamente reconheceriam seu valor."

A decisão de adotar o novo material, porém, não é simples. Há várias alternativas e riscos. O engenheiro faz a seguinte lista:

- *A FiberFuture é uma empresa nova e relativamente pequena. Ela será capaz de entregar o volume de material de que precisamos? Podemos contar com ela para fornecer no prazo? A qualidade será consistente?*
- *O que acontecerá se a FiberFuture sair do mercado? Vamos ter que pesquisar muito para encontrar um fornecedor diferente.*
- *Será que nossos processos de fabricação funcionam com o Zebutek, ou precisaremos de equipamentos novos?*
- *Nossos clientes, os fabricantes de automóveis, se esforçam para manter os custos. Podemos repassar o custo mais alto deste material a eles, ou eles vão resistir? Ou devemos absorver o custo adicional e assim ganhar participação de mercado?*
- *Nosso fornecedor atual de material para interiores tem sido um parceiro confiável e colabora conosco há muitos anos. O que acontecerá a essa parceria se de 20 a 30% dos negócios passarem para a FiberFuture?*
- *Há outros fornecedores prestes a desenvolver um material que seja igual ou superior ao Zebutek?*

Nesse segundo exemplo, os engenheiros da Precision Interiors estão enfrentando uma escolha complexa e difícil — que faz com que a decisão de Samantha pareça fácil. É provável que você e seus colegas enfrentem rotineiramente decisões complexas, com esse grau de dificuldade. Como você aborda essas decisões?

As decisões de negócios são difíceis quando envolvem a incerteza, apresentam muitas alternativas, são complexas e suscitam questões interpessoais. A incerteza nos faz hesitar: "Como posso decidir quando não tenho todas as informações nem a certeza do resultado de minha decisão?" Alguns gerentes preferem não agir a dar o que parece ser um salto no escuro.

Os rumos alternativos de ação podem ser igualmente problemáticos quando cada alternativa tem suas próprias incertezas e resultados desconhecidos. A complexidade também dificulta a tomada de decisões. Por exemplo, a aquisição de outra empresa envolve complicadas questões jurídicas, de contabilidade e de avaliação. A transação pode resultar em demissões substanciais; afinal, quem precisa de dois departamentos de contas a receber? Mas como você pode estimar as economias e o custo dessas demissões antecipadamente? A aquisição, por sua vez, pode afetar o preço de suas ações — talvez para pior, no curto prazo. É realmente possível ter uma resposta para essas questões complexas?

As decisões também envolvem questões interpessoais que são difíceis de medir e avaliar, mas que em geral determinam o sucesso ou o fracasso das medidas tomadas.

Com o passar dos anos, as pessoas desenvolveram técnicas para lidar com essas dificuldades — técnicas que fazem parte de um processo de decisão lógico. Este capítulo apresenta uma visão geral do processo de decisão em cinco passos, como mostramos na Figura 1.1. Os capítulos seguintes abordam os detalhes.

1. Estabelecer um contexto para o sucesso.

2. Contextualizar a questão adequadamente.

3. Gerar alternativas.

4. Avaliar as alternativas.

5. Escolher a alternativa que parece melhor.

Observe na Figura 1.1 que o processo se inicia com o estabelecimento de objetivos claros (ver "Resultados de alta qualidade requerem um bom processo"). Esse ponto é essencial, porque o propósito de tomar decisões é realizar um objetivo significativo.

FIGURA 1.1
O processo de decisão

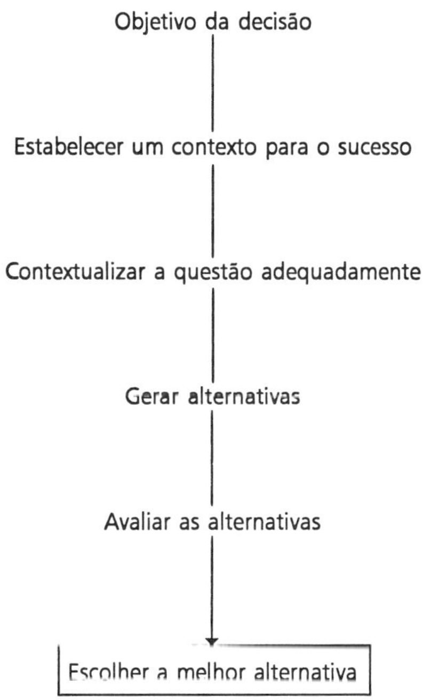

Resultados de alta qualidade requerem um bom processo

A idéia de um processo é básica na tomada de decisões. Uma das descobertas extraordinárias dos pensadores da administração há várias décadas é que o processo é fundamental para os resultados eficazes. Ser inteligente ou trabalhar muito não garantem a qualidade ou a quantidade dos resultados. Eles estarão em risco na ausência de um processo eficaz, necessário quer você esteja produzindo rolamentos ou automóveis, quer *tomando decisões*. Se o processo for correto, a qualidade aumentará. Se você adotar um processo eficaz e treinar as pessoas para utilizá-lo, o resultado melhorará e será consistentemente bom. Se você aprimorar continuamente o processo, o resultado continuará a melhorar.

Passo 1: Estabeleça um contexto para o sucesso

O primeiro passo é criar um ambiente em que as decisões eficazes sejam possíveis. Se esta tarefa não parece necessária, olhe ao seu redor. Se sua empresa for como muitas outras, você descobrirá que as escolhas em geral sofrem influências por fatores que são a antítese da tomada de decisões sensata. Por exemplo, as rixas entre as pessoas eliminam a discussão racional; a gerência não pode manter um nível saudável de diferenças de opinião. Uma cultura de comando e controle tende a colocar as decisões alinhadas com a preferência de indivíduos poderosos. Independentemente do nível de informação que eles possam ter, nessas circunstâncias toda decisão é *ad hoc*, e não há abordagem coerente para lidar com opções importantes.

Um contexto que favoreça a decisão em geral não apresenta esses problemas. Além disso, ele garante que as pessoas certas participem do processo. Essas pessoas se reúnem em um ambiente físico que estimula o pensamento criativo e a deliberação cuidadosa. Um contexto que favoreça a decisão também tem regras básicas que determinam como uma decisão será tomada.

Passo 2: Contextualize a questão adequadamente

Toda decisão, para ser bem-sucedida, depende da compreensão clara das questões que se apresentam e das formas como afetarão os objetivos da empresa. É fundamental determinar a natureza do problema. Como você verá adiante, não se pode tomar uma boa decisão quando não se contextualiza adequadamente o problema.

Passo 3: Gere alternativas

Depois de a questão ser devidamente contextualizada, os agentes de decisão devem desenvolver alternativas. Sem alternativas, não há decisão genuína.

Passo 4: Avalie as alternativas

Após formular um conjunto realista de alternativas, você deve avaliar a viabilidade, bem como o risco e as implicações de cada opção possível. Muitas ferramentas analíticas — inclusive algumas versões de software — estão disponíveis para esse fim.

Passo 5: Escolha a melhor alternativa

Depois de realizar todos os passos anteriores adequadamente e a equipe de decisão entrar em acordo quanto ao objetivo, seus membros podem avaliar racionalmente cada uma das alternativas. Sob circunstâncias ideais, a opção correta será clara. Mas, na realidade, algumas preferências pessoais, ambigüidade e dissensão dificultam a decisão final. Felizmente, existem técnicas que podem ajudar uma equipe de decisão a passar por essas dificuldades. Tais métodos, explicados no Capítulo 6, têm nomes excêntricos: *catchball*, ponto-contraponto e cão de guarda intelectual. O uso dessas técnicas garante que os méritos e deméritos de cada alternativa sejam plenamente compreendidos e debatidos.

Seria fácil acreditar que realizar mecanicamente cada um dos cinco passos do processo levará, automaticamente, à melhor decisão possível. Infelizmente, não é assim que acontece. Embora os cinco passos possam ajudar a organizar o esforço de tomada de decisões, há muitas oportunidades — às vezes chamadas de *armadilhas de decisão* — para que você cometa erros e permita que preconceitos pessoais canalizem seu pensamento. As armadilhas de decisão são os condicionamentos humanos que levam pessoas inteligentes a tomar decisões ruins. Vamos abordá-las no Capítulo 9.

Em suma, a tomada de decisão sensata requer tanto arte quanto ciência. Exige uma boa capacidade de avaliação e criatividade, além de proficiência técnica.

Resumo

- Como muitas outras atividades de negócios, a tomada de decisões é mais eficaz, e sua qualidade é mais consistente, quando organizada como um processo. Na ausência de um processo, as decisões podem ser *ad hoc*.
- Este livro propõe um processo de decisão em cinco passos: estabelecer um contexto para o sucesso, contextualizar a questão adequadamente, gerar e avaliar alternativas e escolher a melhor delas.

2

O contexto para o sucesso

A criação do ambiente

Principais tópicos abordados neste capítulo

- *Por que o contexto é importante para as boas decisões*
- *As características do contexto favorável às mudanças*
- *O problema da defesa de opiniões pessoais*
- *A investigação da solução*

OS CINCO PASSOS DO processo de decisão são descritos brevemente no Capítulo 1. A partir deste capítulo, vamos examinar cada um destes passos em profundidade, começando pelo passo 1: criar um contexto para o sucesso.

O contexto certo é fundamental para tomar decisões bem-sucedidas. *Contexto* refere-se ao ambiente de relações interpessoais e comportamentos no qual as idéias e as informações são consideradas e as decisões, tomadas. Algumas organizações e instituições proporcionam ambientes em que pode ocorrer o diálogo racional e as boas decisões podem ser tomadas. Outras têm desvantagens nesse aspecto. Vamos considerar três exemplos do último caso.

Exemplo 1: O Congresso dos Estados Unidos. Tomar decisões eficazes em fóruns de debate é tão incomum quanto colher flores no final do outono. No final de 2004, membros do Congresso americano enfrentaram a Lei Geral de Apropriações — uma legislação enorme, cheia de gastos essenciais e de fundos públicos que ninguém conseguia ler nem entender no curto tempo alocado para sua discussão e votação. Com mais de US$350 bilhões, essa lei tinha uma magnitude de gastos que superava a de orçamentos inteiros de muitos países. Era uma lei geral de final de ano que reunia todos os negócios inacabados. Ansiosos por terminar, sair de férias e para a temporada de campanha, os membros do Congresso aprovaram a lei com poucas discussões. O resultado foi o esperado, dado o contexto: gastos indisciplinados do dinheiro dos contribuintes.

Exemplo 2: Um fabricante sitiado. No início da década de 1980, um grupo de gerentes de garantia de qualidade que representava as unidades operacionais de um fabricante global procurou a equipe da gerência sênior. Esses gerentes de qualidade analisaram as diferenças de qualidade entre seus produtos e os fabricados por concorrentes estrangeiros. O grupo estudara as diferenças e avaliara seus impactos nos custos de fabricação, custos de garantia e satisfação dos clientes. Os dados foram compilados em um relatório cuidadosamente redigido. "Estamos alarmados com essas descobertas", disse a porta-voz do grupo de qualidade quando entregou o relatório.

O CEO e sua equipe agradeceram aos gerentes o relatório e prometeram levá-lo em consideração. Uma semana depois, e sem nenhum diálogo entre a alta gerência e o grupo de avaliação da qualidade, o CEO respondeu com um memorando: "Obrigado novamente por seu relatório. Porém, não concordo com suas conclusões. Nossa empresa define as características tecnológicas de fabricação em seu setor. Nossos produtos continuam a estabelecer os padrões." Alguns membros do grupo de avaliação da qualidade se perguntaram se o CEO havia mesmo lido o relatório; outros se perguntaram se ele perdera o contato com o que estava acontecendo no setor.

Exemplo 3: A traição da tradução. Seis funcionários e um consultor sentaram-se em volta de uma mesa de reuniões. Estavam ali para discutir um de seus projetos de pesquisa e desenvolvimento: uma tentativa de produzir um programa de software multimídia para ensinar inglês a pessoas de outras línguas. O projeto tinha passado com sucesso pelo segundo marco de desenvolvimento e precisava de aprovação renovada e financiamento contínuo por parte do comitê de análise antes que pudesse seguir adiante. Uma consultora — uma professora experiente de inglês para estrangeiros — fora contratada para avaliar a eficácia do programa com relação a produtos concorrentes: impressos — de sala de aula e da internet. "Estou muito impressionada com o potencial desse programa", disse ela ao grupo. "O protótipo do programa inclui todos os elementos necessários para torná-lo superior aos melhores produtos que estão hoje no mercado." Em seguida falou Phil, o patrocinador do projeto. Phil identificou os desafios técnicos restantes e expressou confiança em que a equipe de desenvolvimento poderia superá-los.

O último a se manifestar à mesa foi Frank, o vice-presidente de finanças, que sugeriu que o projeto fosse suspenso. "Não consigo ver nenhum bem advindo desse projeto a não ser canibalizar as vendas de nossos produtos correntes", disse ele. Ninguém na sala ficou surpreso com a oposição de Frank. Todos sabiam que ele e Phil eram rivais e que Frank se opunha ao projeto desde o início. Frank tinha uma influência enorme na empresa e laços estreitos com o CEO — de modo que as pessoas se referiam a ele como "Pequeno Napoleão". Ele podia — e assim fez — dificultar a vida de todos que o enfrentavam, e ele tinha o poder de frustrar iniciativas que não lhe agradavam — como esta. À medida que a discussão continuava, todos, exceto Phil, aproximaram-se do ponto de vista do Pequeno Napoleão, de que o projeto devia ser deixado de lado. Até a consultora calou seu entusiasmo; ela sabia quem mandava na empresa e quem aprovava as faturas dela.

Esses são apenas três exemplos de ambientes em que a tomada de decisões eficaz requer esforço sobre-humano. No primeiro, os governantes públicos eleitos não estão dispostos a perder tempo para deliberar e pesar os méritos das despesas governamentais. Em debates políticos é comum observar o egoísmo, a antipatia entre partidos rivais e as alianças baseadas em benefícios pessoais conduzindo o processo de tomada de decisões. No caso da indústria de fabricação, parece que o principal agente de decisão não recebeu bem a informação que contradizia a visão estabelecida — uma receita certa para o desastre. E o projeto de P&D demonstra como as rivalidades internas e a aplicação do poder pessoal desestimulam o diálogo livre e aberto que sustenta a decisão eficaz.

Cada um desses casos ilustra um problema de contexto. A tomada de decisões eficaz só ocorre quando a organização e seus líderes promovem o debate saudável e abrem espaço para opiniões diferentes. É por isso que estabelecer o contexto é o passo 1 do processo de decisão.

Quais são, então, as características de um contexto saudável? Considere o seguinte:

- As pessoas certas são convidadas a participar das decisões.
- Os tomadores de decisão se reúnem em locais que estimulam o pensamento criativo.

- Os participantes concordam antecipadamente em como a decisão será tomada.
- Há apoio ao debate saudável e às diversas opiniões.

Sua organização tem essas características?

Conseguindo a participação das pessoas certas

O envolvimento das pessoas certas é o primeiro passo na criação de um contexto que pode levar a boas decisões. As pessoas certas são as instruídas, que têm experiência e estão envolvidas com o resultado.

- **Pessoas com autoridade para alocar recursos e fazer valer uma decisão.** Uma pessoa ou mais deve ter esse tipo de autoridade. O que você realmente não quer é desperdiçar tempo elaborando uma decisão e, ao final, vê-la ignorada ou deixada de lado pela gerência sênior. Isso irá desmoralizar os participantes e não deixará a organização mais perto de uma decisão.
- **Principais interessados.** Essas são as pessoas mais diretamente afetadas pela decisão: as que serão responsáveis pelos resultados, bem como os principais implementadores. Como é mais provável que os implementadores apóiem uma decisão que eles ajudaram a tomar, sua inclusão no início do processo pode garantir continuidade eficaz.
- **Especialistas.** Inclua especialistas de dentro ou de fora da organização com conhecimentos que podem ser partilhados com os outros participantes. Na maioria dos casos, essas são as pessoas mais próximas da questão que está sob análise. Esses especialistas podem dar informações sobre a viabilidade de várias opções. Por exemplo, se a decisão envolver a substituição de algumas peças de equipamento de fabricação, um técnico com conhecimento especializado e experiência nessa área pode ajudar todos a entenderem o custo do equipa-

mento e seus méritos e deméritos. Tenha em mente que você pode precisar de mais de um especialista presente em seu grupo.

- **Oponentes.** Não organize um grupo predisposto a aceitar tudo o que for sugerido. Em vez disso, convide pessoas que possam se opor à decisão e resistir a sua implementação. Se a oposição delas for bem fundamentada, você precisa entender sua posição. Isso pode estender o tempo necessário para chegar a um resultado satisfatório, mas o envolvimento de possíveis oponentes pode reduzir a resistência futura.
- **Proponentes.** Se você envolver os proponentes, é adequado que inclua proponentes de mais de uma opinião. Só se lembre de que eles, como os oponentes, defenderão uma determinada posição, e não se pode confiar que tenham visão equilibrada.

A única coisa que esses indivíduos díspares devem compartilhar é o compromisso com uma meta comum. Eles podem ter opiniões diferentes e diferentes preocupações, mas devem estar dispostos a subordiná-las ao objetivo da empresa ou à unidade de negócios.

Mantenha o grupo administrável

Seu grupo de decisão deve ser pequeno, de preferência, com no máximo seis ou sete membros. Ter muito poucas pessoas no grupo pode deixar de fora indivíduos que têm algo importante a contribuir: a autoridade para agir, recursos, *expertise* e assim por diante. Ter gente demais à mesa representa o risco de um processo de decisão lento, em particular quando o grupo inclui pessoas que têm pouco a contribuir mas insistem em participar dos procedimentos. Uma equipe grande também tem o efeito de silenciar as pessoas que não são qualificadas para participar de reuniões. O tamanho do grupo pode também ser ditado por quem for implementar a decisão final.

Use forças-tarefa sempre que necessário

Dependendo da complexidade da decisão a tomar, você pode querer envolver mais pessoas no processo de tomada de decisão. Uma forma de envolver muitas pessoas e ainda manter o grupo de decisão com um tamanho administrável é criar forças-tarefa para examinar determinados aspectos da questão.

Por exemplo, se você estiver trabalhando em um novo web site de comércio eletrônico, pode criar uma força-tarefa para lidar com as questões técnicas, outra composta de representantes de cada linha de produto para determinar as capacidades do site, e assim por diante. O líder de cada força-tarefa deve ter um lugar à grande mesa, como ilustramos na Figura 2.1, que representa as descobertas de sua força-tarefa e quaisquer visões dissonantes. Esse arranjo tem o benefício de colher as melhores idéias de muitas pessoas, enquanto mantém o grupo de decisão com um porte que pode ser administrado. É importante equilibrar o tamanho do grupo com a importância ou a dificuldade da implementação da decisão.

FIGURA 2.1
Líderes de forças-tarefa são membros do grupo de decisão

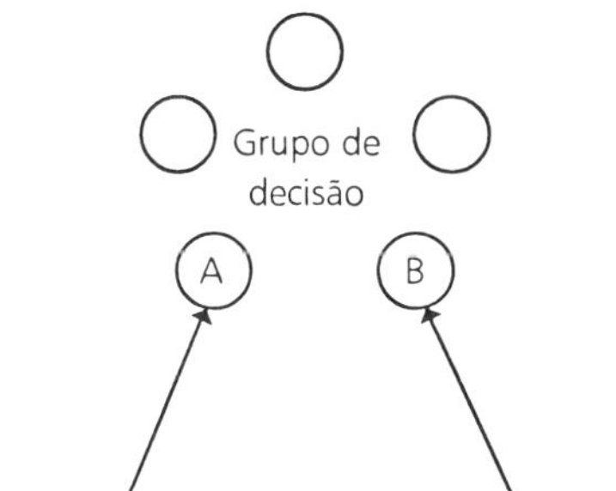

Pense um pouco no ambiente

Para ajudar seu grupo a gerar soluções criativas e avaliá-las criticamente, escolha ambientes diferentes para as reuniões. Esses ambientes podem incluir salas de reunião que você não costuma usar, locais fora da empresa ou um local conhecido com o mobiliário rearrumado de modo a facilitar a discussão face a face. Quando as pessoas são retiradas de seus ambientes tradicionais, como uma sala de conselho ou o escritório do supervisor, elas tendem a falar mais livremente porque se sentem menos intimidadas ou limitadas pelas hierarquias do escritório.

Embora possa parecer supérfluo, a arrumação dos móveis revela muito sobre como uma discussão acontecerá. Se os móveis forem colocados em círculo, não haverá um "chefe" ou uma autoridade óbvia. Todos são iguais, e mais pessoas podem participar da discussão. Se houver uma posição de controle óbvia, como a cabeceira de uma mesa de reuniões, o clima será o contrário; as pessoas tenderão a defender quem ocupa o lugar.

Concorde em como a decisão será tomada

Depois de ter selecionado os participantes e escolhido um ambiente para suas reuniões, o passo seguinte é adequar a abordagem à tomada de decisão que você fará; o grupo que você cria precisa entender, antes, o processo que seguirá e o modo como a decisão final será tomada — e por quem.

O espectro das abordagens à tomada de decisão em grupo inclui o seguinte:

- **Consenso.** Todos os participantes se reúnem e discutem abertamente a proposta. Eles tentam chegar a um acordo em que todos aceitem a decisão final.
- **Consenso qualificado.** O grupo de decisão tenta chegar a um consenso. Se não conseguir, os membros concordam em que o líder oficial ou de fato do grupo tomará a decisão.

- **Maioria.** O grupo vota, e vence a maioria. Se houver uma liderança evidente no grupo, esta pode se abster de votar — a não ser para resolver um empate.
- **Liderança diretiva.** O líder toma a decisão e a informa ao grupo e também os motivos que a apóiam. Essa abordagem é mais eficaz em épocas de crise, quando as pessoas entendem que a capacidade de decisão é adequada e necessária. O líder sensato garante aos dissidentes que suas opiniões são respeitadas e que elas foram consideradas: "Eu aprecio sua posição, que você representou com muita habilidade. E pesei minha decisão. Mas, com todo o respeito, discordo e devo procurar outro rumo."

Essas abordagens, com exceção da liderança diretiva, variam na quantidade de poder atribuído aos participantes e criam um senso de responsabilidade e propriedade dentro do grupo. Esteja ciente, porém, de que qualquer que seja a abordagem, quando um grupo está ansioso para chegar a um acordo, pode ser tentador evitar as opiniões de uma minoria ou áreas de conflito. Evitar áreas controversas é uma forma de auto-ilusão que costuma voltar para assombrar as pessoas (ver, a seguir, "O custo de evitar o conflito"). O trabalho do gerente é estimular a exploração de todas as idéias, independentemente da abordagem que assuma para tomar a decisão.

O custo de evitar o conflito

A Guerra Civil americana (1860-1865) foi travada, em parte, devido à escravidão, uma questão controversa que os fundadores do país tinham evitado gerações antes. A pressão dos abolicionistas do Norte — pessoas que eram moral e ruidosamente contrárias à escravidão — foi um dos gatilhos da secessão pelas propriedades que tinham escravos no Sul. Mas as preocupações morais com a escravidão voltaram quase um século depois e foram questão importante nas deliberações que culminaram na Constituição dos Estados Unidos, assinada em 1787. Este documento é um modelo da arte de governar democraticamente e da arte da conciliação. Mas uma conciliação, um acordo para não pressionar por uma solução para a escravidão, voltaria a assombrar a nação.

A disputa sobre a questão da escravidão entre os delegados da Convenção Constitucional foi tão aguda que os esforços para elaborar a Constituição foram postos em risco. Para evitar esse problema, chegou-se a um meio-termo. Os delegados concordaram em que nenhuma discussão constitucional sobre a escravidão aconteceria em pelo menos 25 anos. Isso mitigou a crise e aliviou a pressão sobre todos. Mas meramente adiou o momento do ajuste de contas. A dissensão sobre a escravidão tornou-se mais intensa com o passar dos anos e, por fim, dividiu o país. Ao final, os netos e bisnetos dos fundadores americanos resolveriam a questão à bala.

Da defesa de opiniões pessoais ao diálogo

A tomada de decisões eficaz começa com a presença das pessoas certas no processo, em que cada uma tem um papel adequado. Mas ela vai além disso. Algumas pessoas vêem sua tarefa como a defesa de um determinado resultado. Elas equivocadamente encaram o processo de decisão como uma rixa entre seu ponto de vista e o dos demais. O processo deve garantir que a defesa de determinado resultado não prevaleça sobre a investigação de mente aberta.

A defesa, como nos tribunais, é uma prática comum em organizações de negócios, mas não leva a boas decisões. Considere o seguinte exemplo hipotético:

Clarissa, chefe de desenvolvimento de produtos, pede ao CEO para financiar o desenvolvimento de uma nova linha de produtos. Ela usa quaisquer informações, dados de pesquisa ou pressupostos que apóiam sua solicitação. Ela também arregimentou a ajuda de dois poderosos aliados executivos. Se Clarissa está ciente de informações contrárias, ela não as leva em consideração. Enquanto isso, os oponentes de Clarissa estão fazendo lobby *contra o plano dela, usando todos os dados em apoio à opinião deles.*

Decepcionado com esse comportamento, o CEO convoca uma reunião para a qual convida os oponentes de Clarissa e dois outros membros da equipe executiva. "Ouçam", diz ele ao grupo, "temos recursos limitados, assim precisamos determinar como alocá-los melhor. Clarissa tem algumas idéias interessantes. Vamos discuti-las."

Clarissa vê isso como uma deixa para fazer sua defesa. Assim que termina na sua argumentação, o debate degenera em uma discussão, com os oponentes destruindo seus planos e defendendo os próprios projetos. A conversa acalorada gira em círculos, e nenhuma decisão é tomada. Todos saem da reunião irritados e frustrados.

O que houve de errado nesse exemplo? O CEO não administrou o processo de tomada de decisão com eficácia, e a reunião deteriorou-se em uma *abordagem de defesa*. Clarissa e seus detratores abordaram a reunião como uma competição. Cada lado defendeu sua posição sem considerar as necessidades de outros departamentos ou da empresa. E, como Clarissa, os participantes só deram informações que apoiavam seu argumento, enquanto omitiam detalhes que poderiam enfraquecê-lo. Como resultado, a discussão rapidamente degenerou em ataques pessoais.

Em um mundo perfeito, isso não aconteceria. A decisão sobre a proposta de Clarissa seria tomada com o uso de uma *abordagem de investigação*: um processo aberto em que as pessoas sondam a questão por meio de perguntas, exploram diferentes pontos de vista e identificam uma ampla gama de opções, com o objetivo de chegar a uma decisão que o grupo crie e defenda coletivamente. Em uma abordagem de investigação, as pessoas deixam de lado suas opiniões ou preferências pessoais para chegar a uma decisão racional que seja melhor para o grupo ou a organização. Elas não defendem seus projetos preferidos. A Tabela 2.1 compara esses dois tipos de abordagem para a tomada de decisões.

TABELA 2.1
Defesa e investigação

Elemento	Defesa	Investigação
Conceito de tomada de decisão	Uma competição	Solução de problemas em colaboração
Propósito da discussão	Persuasão e *lobby*	Teste e avaliação
Papel dos participantes	Porta-voz	Pensadores críticos
Padrões de comportamento	• Convencer os outros	• Apresentam argumentos equilibrados
	• Defender sua posição	• Permanecem abertos às alternativas
	• Desprezar os pontos fracos	• Aceitam a crítica construtiva
Opiniões da minoria	Desestimulada ou desprezada	Cultivadas e valorizadas
O resultado	Vencedores e perdedores	Propriedade coletiva

Fonte: David A. Garvin e Michael A. Roberto, "What You Don't Know About Making Decisions"; *Harvard Business Review*, setembro de 2001, 110. Reproduzido com permissão.

Em *The Smart Organization*, David e Jim Matheson fazem uma apresentação clara da abordagem de investigação à tomada de decisões.[1] O processo que eles descrevem envolve duas equipes: uma equipe de decisão (pessoas com autoridade para alocar recursos) e uma equipe investigativa de pessoas com informações e experiência relevantes (as "pessoas certas" descritas anteriormente neste capítulo). Juntas, essas duas equipes cumprem os passos descritos na Figura 2.2, usando o diálogo para investigar, desafiar e conquistar a compreensão a fim de chegar ao consenso.

Como mostramos na Figura 2.2, é um processo de vaivém, em que cada passo leva a uma decisão baseada em uma perspectiva realista do problema, em uma análise objetiva e desenvolvimento de alternativas viáveis. Isso é similar ao processo de decisão básico apresentado no Capítulo 1. Porém o uso de duas equipes — agentes de decisão e investigadores — confere um nível a mais de garantia de que a investigação dominará a tentação natural à defesa de opiniões pessoais.

No final, a equipe toma a decisão mas, depois desse método de vaivém, seria quase impossível justificar aos superiores, colegas e subordinados uma decisão baseada em um processo que não fosse racional. (Observação: o Capítulo 10 explica como uma empresa, a General Motors, adotou esse processo de decisão por diálogo e treinou os gerentes e executivos em sua utilização.)

FIGURA 2.2
O processo de decisão por diálogo

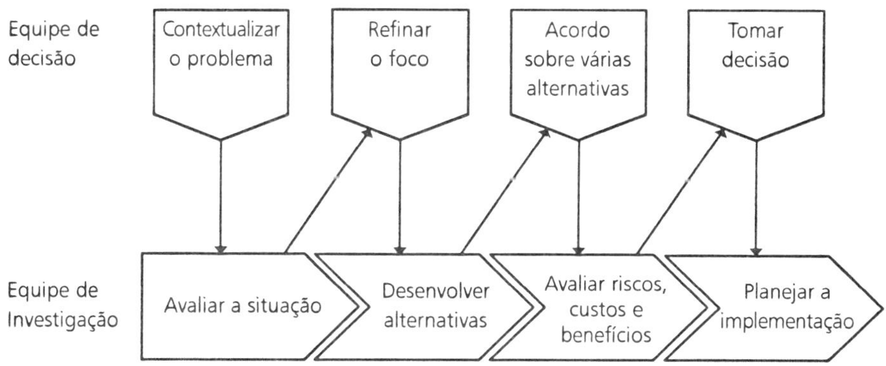

Fonte: David Matheson e Jim Matheson, *The Smart Organization* (Boston: Harvard Business School Press, 1998), 178. Adaptado com permissão.

Uma abordagem híbrida

Embora a investigação aberta seja o ideal que deve ser almejado por todos os fóruns de decisão, algumas pessoas acreditam ser impossível desenvolver um clima em que as pessoas não discutam em favor de suas opiniões ou interesses pessoais. Em sua visão, uma solução prática e realista a esse problema é buscar um equilíbrio entre a defesa e a investigação.

Usando essa abordagem híbrida, os membros do grupo abandonam suas preocupações pessoais e entram no fórum de decisão com a intenção de agir como participantes sem tendenciosidades. Eles podem defender uma posição com que concordam fortemente, mas devem também investigar os outros pontos de vista e considerar as alternativas. Eles entendem que a meta é encontrar a melhor solução para todo o grupo, mesmo que algumas pessoas sejam afetadas negativamente pela decisão. Especialistas técnicos e consultores podem contribuir muito para esse arranjo. Em geral, em sessões equilibradas, as pessoas dividem informações e consideram múltiplas alternativas.

Qual é o contexto para a tomada de decisão em sua empresa ou unidade? Ele é desvinculado de qualquer função, baseado no poder e na defesa de interesses próprios, ou as decisões são tomadas por meio de um processo racional de investigação em que o bem da organização é a principal motivação? As pessoas concordam em como as decisões devem ser tomadas? No fim, os fatores de contexto criam o ambiente para a tomada de decisões e configuram seus resultados. Assim, antes de agir, você deve conseguir o contexto correto.

O Apêndice A contém uma planilha que pode ser usada para criar o ambiente para as decisões futuras. Nele, pede-se que você considere vários aspectos que contribuem para que seja criado o ambiente correto para a tomada de decisões:

- Descrever o objetivo da decisão.
- Listar os participantes e seus papéis.
- Determinar o contexto de tempo em que a decisão deve ser tomada.
- Identificar um ambiente físico para suas reuniões.
- Concordar em como a decisão será tomada (consenso, regra da maioria etc.).
- Prever como você lidará com impasses e defesas pessoais.

Completar cada item da planilha o obrigará a pensar no contexto da tomada de decisões de sua organização e nas formas como você pode mudá-lo para melhor.

Resumo

- O contexto da organização para a tomada de decisões tem um impacto sobre o modo como as decisões serão tomadas. Um contexto saudável inclui: as pessoas certas, o ambiente adequado, o consenso sobre como as decisões serão tomadas e apoio à diversidade de opiniões e ao debate saudável.
- Quando um grupo está tomando uma decisão, certifique-se de que nele estejam pessoas com a autoridade para alocar recursos e levar a decisão adiante.
- Limite o grupo de decisão a seis ou sete pessoas. Se for necessário que seja maior, atribua parte do trabalho a forças-tarefa cujos líderes farão parte do grupo de decisão.
- O espectro das abordagens à tomada de decisões inclui consenso, consenso qualificado, regra da maioria e liderança diretiva. Este último é mais eficaz em épocas de crise.
- A defesa é a antítese da tomada de decisão eficaz. Muitos executivos abordam o processo de decisão como uma disputa em que devem tentar vencer. O antídoto à defesa é a investigação racional e sem preconceitos.

3

O desafio da contextualização

Qual é o verdadeiro problema?

Principais tópicos abordados neste capítulo

- *Contextos como janelas mentais para a realidade — para o bem ou para o mal*
- *Como evitar um contexto errado para um problema ou uma decisão*
- *O uso de pensamento criativo para desenvolver um contexto adequado*

CONTEXTUALIZAR O PROBLEMA é o segundo passo no processo de decisão. Dissemos em outro momento que um contexto é uma janela através da qual vemos um determinado problema, uma situação ou oportunidade. Segundo Alan Rowe, os contextos são "os prismas através dos quais vemos o mundo (...) eles determinam o que vemos e como o interpretamos".[1] Os contextos são tão fortes que podem canalizar nosso pensamento mesmo quando a evidência empírica dá apoio a outra visão.

Todos temos esses preceitos, e eles podem ser extremamente úteis para nos ajudar a navegar por um mundo complexo. Entre outras coisas, um contexto adequado nos ajuda a evitar resolver o problema errado. Se você contextualiza o problema de forma errada, não irá resolvê-lo, mas contextualize-o corretamente e você estará a meio caminho da solução.

Em geral, o contexto é influenciado por nossos pressupostos, metas, formação educacional, experiências, expectativas e preconceitos. Considere, por exemplo, três pessoas que tentam enviar encomendas pela agência dos Correios de seu bairro. Um dos clientes é uma imigrante recém-chegada de um dos antigos Estados do bloco soviético; outro é o gerente de operações de uma fábrica próxima, e o terceiro, um empresário e fundador de três empresas bem-sucedidas. Embora haja vinte pessoas na fila no momento, só dois funcionários dos correios estão disponíveis para ajudá-los.

Todos na fila estão frustrados com a demora, a não ser uma pessoa: a imigrante. Na realidade, ela está impressionada com o serviço. "Em meu país", diz ela a quem está atrás na fila, "só haveria uma pessoa trabalhando no balcão, e ela faria um intervalo a cada meia hora, deixando todo mundo esperando na fila. Aqui é muito melhor."

O gerente de operações tem uma perspectiva bem diferente. "Isto é um gargalo clássico", diz ele a si mesmo. "Tenho certeza de que alguém podia fazer a reengenharia de todo o processo para que as coisas funcionassem mais rapidamente e a um custo menor."

Enquanto isso, o empresário está gostando da experiência de esperar na fila porque isso dá a ele algo de grande valor em potencial: uma idéia para um novo negócio. "Imagino quanto as pessoas pagariam por uma alternativa sem filas ao correio — uma agência com quiosques de auto-atendimento?" Sua mente já estava fervilhando de idéias sobre o uso da tecnologia para abreviar o tempo de espera e obter bom lucro.

Cada uma dessas três pessoas observa a experiência do correio por um preceito diferente. Isso é natural, porque nossas experiências e expectativas têm impacto sobre como vemos as coisas. Mas quando se trata de tomar uma decisão, começar por um contexto inadequado ou errôneo pode levá-lo a uma conclusão ineficaz. Ou você consegue resolver o problema errado — ou o resolve da maneira errada!

Este capítulo discute a importância de contextualizar adequadamente um problema em termos da realidade da situação e dos objetivos da organização. Ele explica como um problema contextualizado inadequadamente pode eliminar alternativas viáveis e resultar em decisões de baixa qualidade, e dá dicas para que isso não aconteça.

Riscos e promessas

Em sua excelente descrição da contextualização, J. Edward Russo e Paul J. H. Schoemaker alertam que "quando se trata de tomar decisões, o modo como as pessoas contextualizam um problema — isto é, a perspectiva particular adotada por elas (em geral inconscientemente) — exerce enorme poder sobre as opções que elas reconhecerão e as soluções que preferirão".[2] Assim, a imigrante em nosso exemplo não via necessidade nenhuma de opções no atendimento aos clientes dos Correios. Da perspectiva dela, tudo estava bem. O gerente dos Correios provavelmente concordaria.

Já o gerente de operações e o empresário estavam abertos a opções e soluções diferentes, precisamente porque observaram a situação de contextos diferentes. O gerente de operações, com sua experiência no trabalho, imediatamente viu a fila lenta como um problema de processo que poderia ser melhorado. Isso lembra o velho ditado de que se você usar o martelo certo, tudo vai parecer um prego.

As pessoas que entendem a contextualização também compreendem seu poder para exercer influência. Elas sabem que se puderem contextualizar a questão ou a agenda como as vêem, terão mais chance de produzir a decisão que preferem. Como escreveu Jeffrey Pfeffer em *Managing with Power*, "em geral, estabelecer o contexto no qual as questões serão vistas e decididas equivale a determinar o resultado".[3]

Isso não é problema, desde que você estimule as pessoas a adotarem um contexto que beneficie a organização. Considere este exemplo:

Um grupo de executivos da área editorial reuniu-se para discutir uma proposta feita por David, um dos gerentes da empresa. David propôs que a empresa adquirisse os direitos sobre um curso de aprendizado em dez volumes que atualmente estava sendo usado para preparar corretores de seguros recém-contratados para o exame de licenciamento. A publicação não tem nenhuma semelhança com nada que a empresa publicara anteriormente, e envolverá a venda direta a clientes finais, em vez da venda em livrarias, que dão 50% de desconto sobre o preço sugerido.

O executivo sênior de finanças à mesa inquiriu David sobre as receitas e os custos projetados de fabricação e distribuição. O vice-presidente financeiro não ficou muito entusiasmado. "Com base nessas estimativas, esse projeto teria um valor presente líquido positivo, mas só um pouco", disse ele. "E a taxa de retorno está abaixo do que exigimos de novos projetos."

O executivo de marketing continuou do ponto em que o primeiro inquiridor havia parado, pedindo mais detalhes sobre o preço de venda por unidade e sobre o método de David para gerar suas projeções de receita.

David pôde ver que a reunião teria uma evolução previsível e negativa do projeto se as receitas e os custos constituíssem o único contexto de referência. A não ser que ele agisse rapidamente, a novidade da publicação para a empresa e seu possível impacto no futuro crescimento da organização não seriam considerados.

Para surpresa de todos, David não respondeu às perguntas sobre os números. Em vez disso, ele educadamente deixou de lado a primeira rodada de perguntas e se atirou em algo imprevisto. "Esta proposta não trata de lucros de um único projeto", começou ele. "Trata de uma oportunidade de sair da rotina em que estamos há dez anos, entrando em um novo mercado — um mercado com margens de lucro atraentes e significativas e grande potencial de crescimento. Trata de uma oportunidade de vender diretamente a nossos clientes em vez de usar livrarias, que ficam com a maior parte dos lucros de nosso trabalho e de nossos produtos."

Os executivos reunidos ficaram um tanto atordoados, mas agora estavam prestando atenção. David tinha apertado dois botões importantes: margens de lucro atraentes e significativas e crescimento forte. Então ele deu a última cartada. "Se este produto vai ganhar ou perder dinheiro é muito menos importante do que as oportunidades editoriais que devemos encontrar depois que conseguirmos uma cabeça-de-ponte no novo mercado", disse David. Ele fez uma analogia entre seu projeto e a invasão da Normandia durante a Segunda Guerra Mundial. "Pelas medidas tradicionais, o primeiro dia de invasão seria uma perda dispendiosa. Se as pessoas calculassem os ganhos e perdas de apenas aquele dia, elas teriam de dizer: 'Devíamos ter ficado na Inglaterra.' Mas aquele único dia abriu a porta para uma vitória maior."

Depois de uma pausa, os executivos reassumiram as perguntas. Mas suas inquirições não tratavam mais de vendas de curto prazo e projeções de despesas; eles falaram de como o projeto de David podia ajudar a empresa a crescer e a se tornar mais lucrativa.

Nesse exemplo, David decisivamente recontextualizou a discussão de uma forma que atendesse ao propósito dele e do que ele acreditava que seria o melhor para a empresa. Isso pode ser ótimo para David, mas será que sua perspectiva é a correta para abordar o problema? A pergunta é digna de ser feita porque a contextualização inadequada certamente levará a uma decisão ruim. A melhor maneira de evitar um erro de contextualização é seguir estas diretrizes:

- Não aceite automaticamente uma única perspectiva. Sempre pergunte: "A questão é esta? O problema é este?" O contexto pode ser inadequado, ou alguém pode estar tentando canalizar seu pensamento para um contexto em particular.
- Procure muitas perspectivas para o problema. Antes de tomar qualquer decisão, olhe-a de diferentes ângulos. Depois converse sobre as possibilidades.
- Tente descobrir os contextos usados por pessoas no grupo de decisão, inclusive o seu. Que perspectivas eles refletem?
- Revele e desafie qualquer pressuposto que esteja por trás da perspectiva dominante, mesmo que seja a sua perspectiva. Essa é sua melhor garantia contra a defesa que os outros fazem de suas opiniões pessoais.
- Coloque-se no lugar da outra pessoa quando abordar um problema. O acadêmico da área de decisões Alan Rowe refere-se a isso como "pensar do questionador". Por exemplo, se você estiver enfrentando uma decisão de projeto de produto, aborde-a de acordo com as perspectivas de usuários sem experiência ou do pessoal do ramo de consertos. Quando a Ford Motor Company estava desenvolvendo seu modelo Taurus na década de 1980, ela tomou a medida sem precedentes de pedir aos mecânicos de sua rede de revendedores para criticarem o projeto em diferentes etapas. Esses mecânicos, que por fim teriam de consertar o novo automóvel, tinham uma perspectiva muito diferente daquela das pessoas que o estavam projetando.

Não imponha seu ponto de vista aos outros

Talvez o maior desafio seja evitar o impulso natural de pressupor que seus pensamentos sejam os mais corretos e então tentar atrair os outros para a sua opinião. Convencer os outros é conveniente, mas somente quando você toma as cinco precauções relacionadas anteriormente.

No exemplo anterior, David não gostou do contexto que os outros estavam usando para avaliar sua proposta. Então ele o rejeitou e o substituiu por seu próprio ponto de vista. O perigo dessa abordagem, como observamos, é que a perspectiva de David pode estar errada.

Muitos gerentes cometem o erro de impor seu modo de pensar aos outros. Dessa maneira, eles procuram soluções antes mesmo de entender a natureza do problema. Veja o seguinte exemplo:

Um fabricante de brinquedos tem uma linha telefônica de atendimento ao cliente para responder a perguntas sobre como montar seus produtos. O volume de chamadas de clientes tem aumentado tanto que o pessoal do atendimento não consegue acompanhar. Os clientes reclamam por ter de esperar meia hora para conseguir ajuda.

O gerente responsável pela linha de atendimento reuniu uma equipe para ajudá-lo a decidir a melhor maneira de abordar a questão. Ele começa a primeira reunião dizendo: "Temos um problema sério com nossa linha de atendimento a clientes. Os clientes esperam muito tempo pelo serviço. Precisamos corrigir isso."

Ao contextualizar a questão como um problema com o tempo de resposta da linha de atendimento, o gerente focou a atenção da equipe de decisão nas maneiras de reduzir o tempo de resposta — por exemplo, aumentando o número de linhas telefônicas, o número de funcionários no atendimento, as horas de serviço. Essas soluções se voltarão para os sintomas do problema — as linhas telefônicas sobrecarregadas —, mas podem não se voltar para a causa básica. Para chegar à raiz do problema, a equipe deveria pensar em *por que* as chamadas dos clientes aumentaram drasticamente. Será um produto específico o responsável por um número incomum de telefonemas recebidos? Será uma falha no projeto de determinado produto, ou nas suas instruções de montagem? O pessoal de atendimento telefônico estará mal treinado?

Suponha que o gerente tenha contextualizado a questão, dizendo: "Temos um problema sério com nossa linha de atendimento aos clientes. O volume de chamadas aumentou, os clientes ficam esperando muito tempo pelo serviço, e precisamos descobrir por quê. Depois precisamos decidir o que fazer." O foco da equipe seria bem diferente.

Aplique o pensamento criativo

Como se faz necessário no início do processo de tomada de decisão ou de solução de problemas, o momento da contextualização é propício para aplicar o pensamento criativo. Não custa nada e consome pouco tempo, e, no entanto, tem o potencial de guiar o processo de decisão a direções mais úteis e novas.

Uma abordagem possível é assumir postura crítica e considerar a decisão ou o problema de uma perspectiva "de fora para dentro". Distanciar-se de sua perspectiva habitual não é fácil, mas se você conseguir fazer isso, terá a oportunidade de ver qualquer situação com novos olhos. Um exemplo da perspectiva de fora para dentro é observar sua empresa — ou uma de suas características — como se fosse um cliente. Para tanto, você pode fazer uma pesquisa de mercado, mas isso é caro e lento. Uma alternativa mais rápida e menos dispendiosa é simplesmente colocar-se no papel de cliente e tentar fazer negócio com a sua empresa. Peça a um amigo de confiança ou familiar para fazer o mesmo.

Comece tentando obter informações sobre os produtos e serviços de sua empresa. Que grau de dificuldade ou facilidade apresenta? Depois, faça uma compra pelos canais de distribuição usuais. Qual é sua experiência em fazer uma compra utilizando o número telefônico de discagem gratuita da empresa ou pelo *website*? Agora tente relatar um problema ao revendedor ou ao departamento de atendimento ao cliente da empresa, e observe como lidam com a questão.

O objetivo dessa abordagem criativa é entender sua empresa segundo a perspectiva do cliente. Essa compreensão o colocará na melhor situação possível para contextualizar problemas e fazer melhorias.

Quando estiver confrontando com um problema ou uma decisão, pense em como contextualizar a questão para sua equipe. Nunca pressuponha que você sabe qual é o problema. Em vez disso, desafie a si mesmo e a sua equipe a chegar ao cerne da questão, contextualizando o problema de diversas maneiras e avaliando qualquer informação disponível que dê apoio às suas teorias. Nesse processo, faça perguntas abertas, que estimulem a exploração, em vez de perguntas fechadas, baseadas em pressupostos predefinidos sobre o problema.

Aqui estão exemplos de perguntas abertas que geram discussão e partilha de idéias:

"Que provas você tem de que temos um problema?"
"O problema é isolado, ou se estende a outras unidades?"
"Como podemos medir a magnitude do problema?"

As perguntas fechadas, por sua vez, em geral incitam um sim ou um não como resposta:

"Então, você conversou com aqueles dois departamentos sobre isso?"
"E você está convencido de que precisamos tomar uma decisão rapidamente?"

A discussão e a partilha de uma idéia, por fim, o levarão a uma contextualização adequada do problema. E quando você a tiver, esteja pronto para o passo seguinte do processo de decisão: gerar alternativas.

Resumo

- Um contexto é uma janela através da qual vemos um problema, uma situação ou uma oportunidade.
- Se você contextualizar a situação incorretamente, provavelmente tomará uma decisão ruim; se contextualizá-la corretamente, estará a meio caminho de uma boa decisão.
- Seja cauteloso. Algumas pessoas tentarão contextualizar a questão para que se adapte às suas preocupações pessoais.
- Nunca aceite uma abordagem de imediato. Procure ativamente outras.
- Procure tendências e falsos pressupostos em todos os contextos.

4

Alternativas

A origem de soluções superiores

Principais tópicos abordados neste capítulo

- *Por que as boas decisões dependem de alternativas*
- *Um método para gerar alternativas*
- *Como um grupo criativo pode ajudar*
- *As características das boas alternativas*

AS BOAS DECISÕES SURGEM de um conjunto de alternativas viáveis. Os agentes de decisão não dizem simplesmente sim ou não a uma única opção. Em vez disso, eles dizem: "Esta é uma idéia interessante, mas não podemos ter apenas uma. Vamos pensar nas outras opções antes de fazermos o que quer que seja."

George, gerente de marketing de uma empresa de bens de consumo, convoca uma reunião de sua equipe para discutir as vendas de sabão para roupas na América Latina. "Nossas vendas na América Latina estão 23% abaixo do que previmos há um ano, quando entramos naquele mercado", diz ele. "Precisamos colocar a engrenagem em movimento. E rápido. Estou aberto a idéias."

Todos esperam que alguém comece a falar. Impaciente, George quebra o silêncio, sugerindo que considerem mudar a embalagem atual. "Percebi que nossos concorrentes em geral vendem o produto em embalagens menores do que fazem nos Estados Unidos. Eles podem saber algo que desconhecemos sobre o comportamento do comprador."

Depois dessa dica, Kim reitera os comentários sobre embalagem e tendências de consumo. Em seguida, outra pessoa descreve a embalagem de um produto que tem vendido particularmente bem na América Latina. Todos parecem ter idéias a oferecer sobre a embalagem e como sua mudança pode melhorar as vendas. A reunião termina com a criação de uma força-tarefa para pesquisar novas opções de embalagem.

Será uma mudança na embalagem a melhor solução para essa empresa? Talvez. Uma força-tarefa encarregada de descobrir novas opções de embalagem pode produzir algo de valor real. Mas, dado o problema de vendas decepcionantes na América Latina, pode haver soluções alternativas de ainda maior valor — por exemplo, uma mudança na fixação de preços ou uma abordagem diferente à publicidade e à promoção. Talvez o próprio produto deva ser alterado de forma tangível. Porém George e sua equipe nunca saberão os méritos dessas outras soluções se tomarem de imediato o caminho da embalagem.

Os agentes de decisão sempre procuram alternativas. Este capítulo explica o valor das alternativas à decisão e apresenta idéias práticas para gerá-las.

A geração de alternativas

Para tomar uma decisão bem fundamentada, você precisa de opções. As alternativas são essas opções. Depois de pesar os méritos de uma variedade de alternativas, você estará em condição de tomar a melhor decisão para uma determinada situação. Na ausência de alternativas, as pessoas precisam escolher sim ou não: devemos fazer isso ou não? Isso não é bem uma escolha, e raras vezes produz uma decisão eficaz. Os especialistas em decisão David Matheson e Jim Matheson vão além: "As alternativas criativas e viáveis são condições para qualquer decisão. Se não houver alternativas, não haverá decisão."[1]

O que você quer são alternativas que representem um leque de possibilidades, mesmo que a equipe de decisão tenha de produzi-las de forma ativa. Como as alternativas são geradas? Vamos voltar por um momento ao exemplo que abriu este capítulo. George e sua equipe estão conversando sobre como aumentar a venda de seu produto na América Latina. Essa reunião parecia estar transcorrendo tranqüilamente. O que, então, saiu errado?

No cenário, o gerente nao conseguiu envolver com sucesso a equipe na geração de alternativas. Ele não promoveu o debate saudável e o conflito construtivo. Em vez disso, a excessiva harmonia do grupo resultou em obstinada busca da primeira idéia que surgiu: investigar as opções de embalagem. Houve pouca criatividade ou pensamento inovador. Como conseqüência, nenhuma idéia nova ocorreu, e o grupo se acomodou na primeira alternativa sugerida, que partira do gerente.

Como agente de decisão, seu objetivo nessa fase é identificar o maior número possível de alternativas. O *brainstorming* é uma forma eficaz de gerar várias idéias e rumos de ação.

Brainstorming

O *brainstorming* é uma técnica usada para gerar alternativas e soluções de problemas. Pode ser feito individualmente, mas funciona melhor em grupos, porque os *insights* e experiências de muitas pessoas quase sempre produzem mais idéias do que uma pessoa que trabalha só, independentemente do brilhantismo que possa ter.

Para fazer um *brainstorming*, comece por uma folha de *flip chart* em branco ou um quadro-branco limpo. Peça às pessoas que sugiram quaisquer idéias que venham à mente, ou que reservem alguns minutos para desenvolver suas próprias listas de idéias para serem apresentadas a todos. De uma forma ou de outra, registre as idéias, mas não discuta seus méritos nem permita a crítica — pelo menos, não de imediato.

Se você estiver liderando a sessão, seja escrupulosamente neutro ao reconhecer cada contribuição. Não demonstre ter ou não gostado de alguma das alternativas apresentadas. Por exemplo, evite declarações como estas: "Obrigado, Jean — essa foi a melhor idéia que ouvi esta manhã", ou "Obrigado, Herb, duvido de que essa alternativa seja viável, mas vou colocar na lista". Comentários desse tipo podem predispor as pessoas a favor ou contra idéias antes mesmo que seus méritos sejam discutidos. A neutralidade é essencial quando o líder de *brainstorming* tem influência substancial sobre o grupo.

O *brainstorming* funciona melhor quando as pessoas se sentem à vontade para falar o que pensam, em especial quando suas idéias entram em conflito com as dos colegas ou as do chefe (ver, a seguir "Dicas para gerar alternativas"). O clima também deve estimular as pessoas tímidas a participarem. Existem algumas pessoas que falam naturalmente em sessões de grupo. Elas tendem a ser extrovertidas e assertivas, e podem dominar a discussão com facilidade. Mas ser extrovertido e assertivo não tem relação com ter idéias melhores. A pessoa que fica sentada, em silêncio, ao canto da mesa, pode ter a melhor idéia do grupo. Se você estiver liderando a sessão, é sua tarefa estimular as idéias dessa pessoa.

Dicas para gerar alternativas

Quando se reunir para gerar alternativas, siga estas dicas:

- Convide pessoas de fora, especialistas e novatos, para participar periodicamente de suas reuniões. Eles trarão idéias novas, uma perspectiva diferente e críticas significativas.
- Realize *benchmarking* externo para observar como as outras empresas e os outros setores tratam de problemas semelhantes aos seus.
- Estimule os membros da equipe de decisão a deixarem de lado seus papéis tradicionais quando gerarem alternativas. Por exemplo, se você estiver tentando fazer um *brainstorming* de um produto novo, convide alguém de seu grupo de marketing para participar, mas solicite à pessoa que pense em idéias sob a perspectiva financeira. Você provavelmente vai descobrir que as idéias mais criativas vêm à tona quando as pessoas pensam sem suas carapuças funcionais.
- Faça perguntas de sondagem, como "Que alternativas devemos considerar?" e "Como devemos reagir às preocupações com _____?". Dessa forma, você evita decidir cedo demais sobre uma solução que pode não ser a melhor. Entre as perguntas de sondagem mais importantes estão aquelas que testam a validade dos pressupostos do grupo. Esses pressupostos devem ser explicitados e discutidos abertamente.

- Esteja disposto a considerar e discutir visões que difiram das suas. Isso não é fácil, e o líder do grupo deve ser o modelo para esse comportamento. Se o líder demonstrar tolerância e interesse em idéias contrárias às dele, os outros podem perceber e agir do mesmo modo.
- Reveja periodicamente alternativas abandonadas para garantir que foram descartadas por motivos sólidos.
- Não negligencie as *alternativas híbridas*. Em muitos casos, é possível combinar as melhores características de duas alternativas, ou mais, e transformá-las em uma alternativa nova e superior. Por exemplo, o veículo utilitário esportivo popular é um híbrido que reúne as melhores características de uma caminhonete leve e de uma *station wagon* comum. Da mesma forma, as minivans que apareceram na década de 1980 combinam as características mais populares de uma van compacta, parecida com uma caminhonete, com o conforto de um carro de passeio.

Na aplicação da técnica do *brainstorming* é útil pedir às pessoas que escrevam suas idéias e depois as passem ao líder da sessão. Um solucionador de problemas criativo que por acaso seja tímido em um grupo pode não ter problemas para articular suas idéias no papel.

Estimule o diálogo franco e aberto, deixando claro desde o início que o resultado final não será predeterminado e que as sugestões de todos serão valorizadas. Peça que as pessoas se abstraiam de seus papéis individuais ou departamentais. Elas devem se concentrar no que for melhor para a empresa, usando todas as informações disponíveis.

Quando os participantes ficarem sem idéias, reveja as muitas sugestões que você escreveu no *flip chart*. Quantas são? Se a lista contiver várias idéias, é possível agrupá-las sob temas comuns. Por exemplo, a equipe da empresa de sabão para roupas pode agrupar suas alternativas para estimular as vendas sob os seguintes enfoques: embalagem, fixação de preços, mostruários em lojas, promoções especiais, reformulação do produto. O agrupamento relaciona idéias que ajudam a concentrar o esforço.

Há algumas evidências de que você pode conseguir mais do *brainstorming* quando as idéias são geradas de forma independente e então levadas à sessão de grupo em que as pessoas possam partilhá-las e se basear nelas.[2] Essa técnica evita a convergência — por persuasão ou pressão dos colegas — que normalmente ocorre quando pessoas com diferentes idéias começam a conversar. Existem muitas oportunidades para a discussão e o consenso mais tarde.

As alternativas proporcionam as opções de que você precisará para tomar uma decisão bem fundamentada. Ao estimular a participação da equipe, intermediar o conflito criativo e ouvir as idéias, você provavelmente vai gerar toda uma gama de opções que lhe será útil quando você passar à próxima fase: a avaliação de alternativas.

Forme um grupo criativo para a tarefa

Sua busca de alternativas terá mais êxito se você formar um grupo criativo para a tarefa. Os grupos podem chegar a melhores resultados criativos do que os indivíduos que trabalham sozinhos, porque eles trazem ao esforço uma soma maior de competências, *insights* e energia. Mas, para aproveitar ao máximo seu potencial, os grupos devem ter uma diversidade de estilos de pensamento e habilidades. Essa diversidade proporciona vários benefícios:

- As diferenças individuais podem produzir um atrito criativo que desperta novas idéias.
- A diversidade de pensamento e perspectiva é uma salvaguarda contra o *groupthinking*, a tendência de o pensamento individual convergir, por motivos sociais, para um determinado ponto de vista.
- A variedade de pensamento e habilidades dará às boas idéias mais oportunidades de desenvolvimento.

Assim, os gerentes precisam considerar como os grupos de trabalho são formados e como se comunicam.

Um grupo criativo exibe características paradoxais. Ele mostra tendências de pensamento e ação que podemos achar mutuamente excludentes ou contraditórias. Por exemplo, para fazer bem o seu trabalho, um grupo precisa de profundo conhecimento dos temas relevantes ao problema que está tentando resolver e de domínio dos processos envolvidos. Mas, ao mesmo tempo, o grupo necessita de perspectivas novas que não estejam sobrecarregadas do pensamento prevalecente nem das formas estabelecidas de ação. Em geral chamados de "mente de iniciante", esta é a perspectiva de um recém-chegado: alguém que é curioso, até brincalhão, e está disposto a perguntar tudo — independentemente do grau de ingenuidade da pergunta. Assim, reunir características contraditórias pode catalisar novas idéias.

Embora a diversidade de pensamento e de habilidades seja valiosa na identificação de alternativas, ela tem seus riscos. Diferentes estilos de pensamento não produzem harmonia plena — nem você iria querer isso. Espere a discordância. A tarefa do gerente é transformar o atrito em pensamento produtivo. Para que isso aconteça, as pessoas no grupo devem se ouvir, devem estar dispostas a entender diferentes pontos de vista e a questionar os pressupostos de cada uma.

Ao mesmo tempo, os gerentes devem evitar que o conflito se torne pessoal ou fique disfarçado, dando margem a ressentimentos. O melhor antídoto para o conflito destrutivo é estabelecer um conjunto de normas de comportamento do grupo. De acordo com que normas o grupo deve operar? Isso depende do propósito do grupo e da personalidade de seus membros. Apenas certifique-se de que as regras sejam claras e concisas e de que as pessoas as conheçam e concordem em observá-las. Aqui estão alguns exemplos de normas de grupo:

- Todos os membros do grupo devem demonstrar respeito mútuo.
- Todos devem se comprometer em ouvir com atenção.
- Todos têm o direito de discordar e a obrigação de contestar os pressupostos dos outros.

- Todos terão a oportunidade de falar.
- As visões conflitantes são uma fonte importante de aprendizado.
- As idéias e os pressupostos podem ser atacados, mas as pessoas não (ver, a seguir, "Três passos para lidar com o conflito criativo").
- Assumir um risco calculado é bom.
- Os fracassos devem ser reconhecidos e examinados para que deixem lições.
- Atitudes brincalhonas são bem-vindas.
- Os sucessos serão comemorados em grupo.

Quaisquer que sejam as normas adotadas por seu grupo, certifique-se de que todos os membros tenham participação em sua criação e estejam dispostos a segui-las.

Três passos para lidar com o conflito criativo

Mesmo quando seu grupo chega a um consenso sobre as normas de comportamento, o conflito é uma realidade nessas reuniões, até em grupos criativos. Mas o conflito não é em si mesmo ruim. Na verdade, o atrito causado pelo conflito pode incitar idéias inovadoras se a divergência for tratada de forma adequada. Os três passos seguintes ajudarão você a transformar o conflito em um ativo de criatividade.

1. Crie um ambiente que deixe as pessoas dispostas a discutir questões difíceis. Ajude sua equipe a entender o conceito de "elefante na sala": a grande questão ou o problema que está impedindo o progresso mas que ninguém quer discutir. Deixe claro que você *quer* que as questões difíceis sejam ventiladas e que *todos* podem chamar a atenção para um "elefante".

2. Intermedeie a discussão. Como você lida com um "elefante" depois que ele foi identificado? Use as seguintes diretrizes:

- Pare de fazer o que estiver fazendo e reconheça a questão, mesmo que só uma pessoa a veja.
- Volte-se para as normas que você adotou para reger o comportamento das pessoas.
- Estimule a pessoa que identificou o "elefante" a ser específica.
- Mantenha a discussão no nível impessoal. A questão não é atribuir culpa; discuta o que, e não quem, está impedindo o progresso.
- Se a questão envolver o comportamento de alguém, estimule a pessoa que identificou o problema a explicar como o comportamento a afeta, em vez de fazer pressupostos sobre a motivação por trás do comportamento.

3. Passe à conclusão, discutindo o que pode ser feito.

- Apresente sugestões concretas para a melhoria, se não para uma solução.
- Se o tema é delicado demais e as discussões não estão avançando, considere a possibilidade de adiar a reunião até uma data específica para que as pessoas possam se acalmar. Ou pense em chamar um mediador.

Características das boas alternativas

Criar alternativas é algo bem diferente de criar boas alternativas. Uma lista de alternativas ruins só o colocará na situação indesejável de ter de escolher entre dois males (ou mais). Uma lista de boas idéias produz efeito contrário.

Mas o que é, exatamente, uma boa alternativa? Como David Matheson e Jim Matheson descreveram em *The Smart Organization*, as boas alternativas têm as seguintes características:

- São amplamente construídas e não simplesmente variações de outros conceitos.
- São alternativas genuínas que não existem unicamente para fazer com que outra opção pareça superior e razoável; nem são idéias requentadas que já foram rejeitadas por bons motivos.
- São opções viáveis em termos da capacidade e dos recursos da empresa.
- São "suficientemente numerosas para representar uma verdadeira alternativa, e, no entanto, não tão numerosas que confundam a capacidade de avaliação e escolha".[3]

Vamos considerar cada um desses critérios com mais detalhes.

AMPLAMENTE CONSTRUÍDAS. Muitas, se não todas as decisões, podem apoiar um amplo espectro de possíveis rumos de ação. Na busca da melhor estratégia de distribuição uma empresa de bens de consumo pode, por exemplo, com razão, alimentar muitas alternativas: lojas de varejo (em shoppings e de rua), vendas por catálogo, distribuição *online*, vendas por acordos individuais com vendedores, ou uma combinação de todas elas. Juntas, essas alternativas oferecem aos agentes de decisão uma ampla gama de opções.

GENUÍNAS. A expressão *straw man* indica um argumento falacioso ou uma alternativa fraca. O *straw man* é tolerado com um propósito: fazer com que algumas outras alternativas pareçam razoáveis ou fortes. O *straw man* nada mais é do que uma opção falsa e deve ser excluído de qualquer lista de decisões alternativas.

VIÁVEIS. Algumas idéias são ótimas alternativas para uma empresa, mas inviáveis para outras. Por exemplo, a idéia de criar um avião transcontinental para 500 passageiros é uma alternativa viável para a Airbus ou a Boeing, mas não para a Piper Aircraft Company, que carece de recursos para suportar um projeto de tal vulto. Sempre é importante pensar em grandes termos quando se está fazendo um *brainstorming* de alternativas, mas é igualmente importante ser realista.

A viabilidade de uma alternativa é testada em uma avaliação detalhada, um tema a que voltaremos um pouco adiante. Porém a avaliação toma tempo e, em geral, dinheiro. Assim, uma equipe de decisão deve eliminar alternativas sugeridas que claramente não passem no teste de viabilidade por serem dispendiosas demais, ambiciosas demais dentro do escopo do problema, ou se apresentarem como soluções "band-aid". Como afirma corretamente Vincent Barabba em sua descrição de geração de alternativas: "Por que desperdiçar recursos examinando um rumo de ação que nunca será tomado?"[4]

SUFICIENTEMENTE NUMEROSAS. Você quer criar alternativas suficientes para dar aos agentes de decisão toda uma gama de opções, sem sobrecarregá-los. A idéia de que "se é bom ter cinco alternativas, melhor ainda é ter cinqüenta" não tem sentido. Seja pragmático. Lembre-se sempre de que as opções que comporão a lista final terão de ser avaliadas, um processo que consumirá o tempo e a atenção de muitas das pessoas mais valiosas de sua empresa.

A essa altura você pode querer pensar nas decisões recentes em que teve participação. Pergunte a si mesmo: "Nós geramos alternativas que atendem a esses padrões?" Isto é, suas alternativas foram amplamente construídas, genuínas, viáveis e suficientemente numerosas para dar aos agentes de decisão uma opção real? Se não for assim, tente com mais afinco da próxima vez, usando as idéias deste capítulo.

Resumo

- Na ausência de alternativas, não há decisão real a ser tomada. Como agente de decisão, uma de suas tarefas é identificar um conjunto administrável de boas alternativas.
- O *brainstorming* é uma técnica útil para gerar alternativas e soluções de problemas. Mas lembre-se de que ele só dá certo quando as pessoas se sentem à vontade para falar o que lhes vem à mente.
- Não negligencie alternativas híbridas, que combinam as melhores características de duas alternativas ou mais.
- Você terá mais sucesso se arregimentar pessoas com habilidades e pontos de vista diferentes. Isso irá gerar o conflito criativo. Como gerente, sua tarefa é conduzir esse conflito a uma direção produtiva.
- De acordo com os especialistas, as boas alternativas são amplamente construídas, genuínas, viáveis e suficientemente numerosas para dar aos agentes de decisão um conjunto real de opções.

5

Avaliação das alternativas

Descobrindo o valor de cada opção

Principais tópicos abordados neste capítulo

- *Variáveis a considerar na avaliação de alternativas*
- *Ferramentas financeiras para análise*
- *Formas de usar as matrizes de priorização e tabelas de* trade-off
- *O uso da árvore de decisão para uma visão ampliada*
- *Tipos de software de decisão*

NOS ANOS QUE LEVARAM à Revolução Americana, Benjamin Franklin mudou-se da Filadélfia para Londres, onde agiu como agente da colônia para o governo britânico. Seu intelecto afiado e sua reputação científica rapidamente lhe granjearam entrada nos círculos mais elevados das letras e da ciência britânicas. Entre seus novos conhecidos estava Joseph Priestley, um pioneiro autodidata no campo da química.

Priestley tinha um problema. Recebera a oferta para ocupar em Londres um posto de excelente remuneração e prestígio. Mas aceitar a oferta exigiria que se mudasse de sua cidade natal, Leeds, e isso iria interferir em seus experimentos científicos. O que ele devia fazer? Ele procurou seu sábio amigo, Franklin, em busca de conselhos.

Franklin avaliou o problema de Priestley; na verdade, ele se via em uma situação semelhante. Por um lado, apreciava a animada atmosfera intelectual de Londres e as amizades que estabelecera com a elite cultural e científica britânica. Por outro, ele sentia falta da Filadélfia, de sua família e dos velhos amigos. Havia motivos para ficar em Londres, mas também para voltar à América. Como poderia escolher entre os dois?

Benjamin Franklin tinha um método para lidar com esse tipo de problema de decisão, e o partilhou com Priestley, por carta, em setembro de 1772. Tais decisões são difíceis, segundo Franklin, porque as pessoas em geral ouvem todos os argumentos em favor de uma alternativa, e, depois, todos os argumentos contrários, em série. Elas raras vezes examinam os prós e contras como uma única argumentação; isso dificulta a consideração dos aspectos positivos e negativos das alternativas. A solução, como explicou Franklin a Priestley, é colocá-los todos juntos e atribuir mentalmente pesos ou prioridades a cada um deles.

> *Meu método é dividir uma folha de papel em duas colunas com uma linha, escrevendo acima de uma coluna Pró e, acima da outra, Contra. Depois, durante três ou quatro dias de consideração, coloco sob os diferentes cabeçalhos sugestões curtas dos diferentes motivos, que me ocorrem em diferentes momentos, para aceitar ou rejeitar a medida. Quando termino, reúno-os em uma visão, avalio seus respectivos pesos e quando encontro dois, um de cada lado, que pareçam iguais, elimino-os. Se descobrir um motivo pró igual a dois motivos contra, elimino os três. Se julgar dois motivos contra iguais a quaisquer três motivos prós, elimino os cinco; e por esse procedimento descubro onde está o equilíbrio.*[1]

Franklin, um homem à frente de seu tempo em muitas coisas, estava praticando no século XVIII algo semelhante à técnica que os teóricos da decisão hoje chamam de *trocas equilibradas*.[2] Ele estava avaliando alternativas e pesando seus respectivos méritos. Neste capítulo, você vai aprender várias técnicas para agir da mesma maneira.

Variáveis a considerar

Depois que você e sua equipe de decisão identificarem um conjunto de alternativas, você deve estimar quanto cada uma delas atende ao objetivo estabelecido no início do processo. Com que valor cada alternativa contribui para o objetivo?

Em resposta a essa pergunta, os gerentes devem lidar com muitas variáveis:

- **Custos.** Quanto a alternativa custará? Resultará em uma economia de custo agora ou a longo prazo? Existem custos ocultos? Pode haver custos adicionais ao longo do caminho? Essa alternativa está dentro do orçamento?

- **Benefícios.** Que lucros ou outros benefícios receberemos se implementarmos uma determinada alternativa? Ela acrescentará qualidade a nosso produto? A satisfação dos clientes vai aumentar? Ela tornará nosso pessoal mais eficaz?
- **Impacto financeiro.** Como os custos e benefícios monetários dessa opção se traduzirão em resultados financeiros medidos pelo valor presente líquido? Em quanto tempo a opção dará retorno? A implementação exigirá que tomemos empréstimos?
- **Intangíveis.** Nossa reputação melhorará se implementarmos determinada alternativa? Nossos clientes ou funcionários ficarão mais satisfeitos e serão mais leais?
- **Tempo.** Quanto tempo será preciso para implementar essa alternativa? Existe a probabilidade de atrasos? Qual seria o impacto de atrasos no cronograma?
- **Viabilidade.** Essa alternativa pode ser implementada de forma realista? Existe algum obstáculo que deva ser superado? Se for implementada, que resistência podemos esperar dentro ou fora da organização?
- **Recursos.** Quantas pessoas serão necessárias para implementar cada alternativa? Elas estarão disponíveis, ou precisaremos contratar outras e treiná-las? Que projetos sofrerão se as pessoas focalizarem nessa opção?
- **Riscos.** Que riscos estão associados a essa alternativa? Pode resultar em perda de lucro ou de vantagem competitiva? Como os concorrentes podem reagir? Como risco e incerteza são essencialmente iguais, que informações reduziriam essas questões? Seria difícil e dispendioso obter informações que minimizassem o risco?
- **Ética.** Essa alternativa é legalmente válida? Ela atende aos melhores interesses de clientes, funcionários e da comunidade em que operamos? Nós nos sentiríamos à vontade se outras pessoas soubessem que estamos considerando a alternativa?

Há pouca dúvida de que suas decisões devem levar em conta as mesmas considerações. Obviamente, algumas serão mais importantes para a sua empresa do que outras. Mas uma avaliação que sempre tem alta classificação na hierarquia das preocupações de negócios é o impacto financeiro, determinado por uma análise adequada.

Análise financeira

Quando estão em jogo decisões estratégicas e que empregam capital, as empresas dão grande ênfase às medidas financeiras de valor. Afinal, elas estão interessadas em alternativas que criem maior valor financeiro para seus proprietários. Elas focalizam o impacto do resultado financeiro de várias opções.

O valor financeiro em geral é expresso como *valor presente líquido* (VPL), que é o *valor presente* (VP) de um ou mais fluxos de caixa futuros menos qualquer custo de investimento inicial. O valor presente, por sua vez, é definido como o valor monetário atual de um pagamento futuro descontado a uma taxa composta.

O VPL está entre as ferramentas de decisão mais poderosas e úteis disponíveis aos gerentes. Esteja você considerando o desenvolvimento de um novo produto, a compra de um novo ativo ou qualquer outro tipo de investimento, essa ferramenta pode aprimorar muito suas decisões. O melhor de tudo: ela leva em conta o custo de capital da empresa naquelas decisões.

De uma forma simplificada, a análise de VPL funciona da seguinte maneira:

1. Estime os futuros fluxos de caixa anuais da alternativa.
2. Desconte de cada fluxo de caixa uma taxa de juros predeterminada (em geral, o custo de capital de sua empresa).
3. Some os fluxos de caixa descontados.
4. Subtraia o investimento de caixa inicial.

Por exemplo, vamos supor que a alternativa A seja um novo equipamento de US$250.000 que você pode comprar e instalar. Seus engenheiros prevêem os custos e benefícios associados e calculam que o equipamento produzirá um fluxo de caixa positivo de US$70.000 por ano, durante cinco anos, como mostra a Tabela 5.1; depois disso, eles pressupõem que o equipamento estará depreciado e perderá valor. Por recomendação do diretor financeiro, você desconta esses fluxos de caixa anuais em 10% — o custo de capital da empresa — para obter o valor presente para cada ano. O cálculo de valores presentes é simples, utilizando-se uma planilha de computador (Excel e outras), ou uma calculadora financeira.

A soma dos fluxos de caixa anuais menos seu investimento inicial de US$250.000 equivale ao valor presente líquido de aproximadamente US$15.300, como mostramos na Tabela 5.1. Esse é o valor da alternativa que supera seus custos, incluindo o custo de capital. Se você puder vender o equipamento ao final de cinco anos — ou conseguir dele mais um ou dois anos de fluxos de caixa positivos —, a alternativa terá um valor ainda maior.

Para concluir sua análise, você determina o VPL de todas as outras alternativas em questão e depois as compara. Se todos os demais fatores forem iguais, a alternativa com o valor presente líquido mais alto é a mais atraente do ponto de vista financeiro.

Alguns executivos ainda usam o *método de tempo de retorno do investimento ou de payback*, que determina quanto tempo levará para recuperar seu investimento. Voltando ao exemplo da Tabela 5.1, vemos que com US$70.000 de fluxo de caixa por ano, o investimento de US$250.000 da empresa no novo equipamento será recuperado em aproximadamente três anos e meio. Esse cálculo é simples e direto, mas não considera o custo de capital da empresa e o fato de que um dólar de fluxo de caixa no futuro não equivale a um dólar de fluxo de caixa hoje, devido ao valor tempo do dinheiro. Como o Valor Presente Líquido considera esses fatores importantes, ele é uma ferramenta de análise financeira. Superior às demais.

TABELA 5.1

Exemplo de Valor Presente Líquido (em milhares de dólares)

Ano	0	1	2	3	4	5
Fluxo de caixa	– 250	+70	+70	+70	+70	+70
VP a taxa de desconto de 10%	– 250	+63,64	+57,85	+52,59	+47,81	+43,47
VPL = 15,3 (ou US$15.300)						

Naturalmente, o Valor Presente Líquido é mais útil quando você pode estimar com alguma certeza o fluxo de caixa futuro. Quando essas estimativas são pouco mais do que conjecturas, o poder e a utilidade do VPL para o agente de decisão perdem o sentido. Alguns analistas criam cenários otimistas, pessimistas e realistas para lidar com a dificuldade inerente de estimar fluxos de caixa futuros. Estes cenários oferecem uma gama de resultados possíveis aos agentes de decisão.

Se quiser aprender mais sobre análise de Valor Presente Líquido, consulte qualquer livro de finanças ou vá ao Apêndice B, que explica o VPL com mais profundidade. Esse apêndice também explica várias outras ferramentas financeiras: análise do ponto de equilíbrio, análise de sensibilidade e taxa interna de retorno (TIR), e todas têm lugar na tomada de decisão.

A matriz de priorização

Nem todas as decisões podem ser tratadas com análise financeira. Em geral, os valores que não são monetários são mais significativos. Assim, como você pode avaliar e comparar alternativas? Uma solução é usar uma *matriz de priorização*, que lhe dá uma forma de comparar como cada alternativa atende a seus objetivos. Como o sistema de Franklin, uma matriz de priorização usa pontuações para classificar cada alternativa; a alternativa com a pontuação mais alta é considerada a melhor opção.

Para criar uma matriz de priorização, comece relacionando seus objetivos na tomada de decisão. Depois atribua um valor, ou peso, a cada um deles (por exemplo, valor mais alto = 4). Em seguida, classifique cada objetivo, junto com seu valor correspondente, como cabeçalho de coluna de sua matriz, tal qual indicado na Tabela 5.2. Atribua uma linha na matriz para cada uma de suas alternativas. A seguir, para cada alternativa, estime como atende a cada um de seus objetivos, pontuando-as em uma escala de 1 a 10 (10 = melhor possível); depois multiplique sua estimativa pelos valores de prioridade. Some todas as pontuações para cada alternativa a fim de determinar qual delas tem o número mais alto. Baseando-se em suas prioridades, essa é sua melhor decisão.

TABELA 5.2
A matriz de priorização

Alternativa	Aumento nos lucros (4)	Manter custos baixos de cliente (3)	Implementar rapidamente (2)	Usar poucos recursos internos (1)	Pontuação total
Alternativa A	9 × 4 = 36	2 × 3 = 6	7 × 2 = 14	2 × 1 = 2	58
Alternativa B	2 × 4 = 8	9 × 3 = 27	8 × 2 = 16	3 × 1 = 3	54

Fonte: Harvard ManageMentor® sobre Tomada de Decisões de Negócios, adaptado com permissão.

Neste exemplo, o principal objetivo é "aumentar os lucros", e assim seu peso é 4; "usar poucos recursos internos" tem a mais baixa prioridade, e seu peso é 1. Observe que a alternativa A apresenta possibilidade (9) de atender ao objetivo de aumentar os lucros. Se você multiplicar essa estimativa pela classificação que atribuiu ao objetivo (4), a pontuação resultante para a alternativa A nesse quadrante da matriz é 36 (9 × 4 = 36). Assim, a pontuação total da alternativa A é mais alta do que a da alternativa B, tornando-a mais valiosa para a empresa.

A tabela de *trade-off*

Outro método de comparar alternativas é a tabela de *trade-off*. Esta tabela o ajuda a identificar o grau de variação entre as alternativas. Ao contrário da matriz de priorização, essa tabela não produz uma pontuação numérica. Em vez disso, ela justapõe visualmente os fatores-chave da alternativa de forma que facilite compará-las e pesá-las mentalmente, como recomendou Franklin.

Com essa abordagem, você identifica as características importantes de cada alternativa e as compara. Mas em vez de atribuir prioridades e estimativas, como na matriz de priorização, você usa dados específicos. A Tabela 5.3 é um exemplo de tabela de *trade-off*, novamente usando lucros, custos de clientes, tempo de implementação e recursos internos necessários como atributos-chave de interesse dos agentes de decisão.

TABELA 5.3
Tabela de *trade-off*

Alternativa	Lucros	Custos de cliente	Tempo de implementação	Recursos internos
Alternativa A	Lucros aumentam US$ 100.000	Custo de cliente aumenta US$ 1 por unidade	6 meses para implementar	20 pessoas necessárias
Alternativa B	Lucros aumentam US$10.000	Custo de cliente aumenta US$ 0	4 meses para implementar	15 pessoas necessárias

Fonte: Harvard ManageMentor® sobre Tomada de Decisões de Negócios, adaptado com permissão.

Depois de ter disposto as alternativas com sua informação associada, considere o grau de importância desses fatores para sua empresa e identifique os *trade-offs* que você está disposto a fazer. Por exemplo, ao comparar as alternativas A e B, será que os lucros maiores em US$90.000, associados com a alternativa A, valeriam o custo e o desafio de supervisão de ter cinco pessoas a mais na folha de pagamento? Pense nos *trade-offs* à luz da prioridade que você atribui a cada objetivo.

Como a tabela de priorização, essa de *trade-off* é um dispositivo excelente para fazer com que as pessoas falem dos vários aspectos de cada opção. Obviamente, diferentes pessoas atribuirão diferentes pesos ao priorizar vários fatores; elas discutirão sobre quanto tempo cada alternativa levará para ser implementada, e assim por diante. Discutir essas diferenças é útil e informativo, e desafia as pessoas a produzirem apoio empírico para suas opiniões.

Os *trade-offs* na Tabela 5.3 sugerem como essa metodologia pode — e em muitos casos deve — ser apoiada por uma análise financeira rigorosa.

Por exemplo, a tabela de *trade-off* estima um aumento no lucro de US$100.000 para a alternativa A. A análise do Valor Presente Líquido obrigaria a equipe de decisão a responder a outras perguntas relevantes que não são abordadas na tabela de *trade-off*: quanto tempo levará para termos esse aumento? Por quanto tempo esses lucros podem ser sustentados no futuro? Qual a magnitude do investimento que a empresa deve fazer para obter esses resultados?

Árvores de decisão

Uma árvore de decisão, outra ferramenta útil de análise, é uma representação visual dos rumos alternativos e de seus prováveis resultados. Pense nela como um mapa rodoviário das várias opções.

A Figura 5.1 representa a árvore de decisão de uma empresa que atualmente desenvolve um novo produto. A gerência deve escolher entre duas alternativas: A, abandonar o projeto, e B, continuar o desenvolvimento.

O abandono leva naturalmente a um impasse. A continuação, porém, pode produzir um de dois resultados: um lançamento bem-sucedido de produto ou um lançamento fracassado. Cada um desses resultados tem uma probabilidade associada (P). A probabilidade representa uma estimativa numérica da possibilidade de ocorrência de um evento. Na figura, a probabilidade de um lançamento bem-sucedido de produto é estimada em 45%, se a empresa continuar o projeto. Em geral, uma equipe de decisão pedirá a cada membro (ou outro pessoal que tenha vivido a situação) para dar estimativas individuais. Faz-se, então, uma média dessas estimativas para chegar ao conjunto de probabilidades da árvore de decisão.

Na prática, a equipe de decisão estimaria não apenas a probabilidade de resultados, mas também seus valores financeiros.

FIGURA 5.1
Árvore de decisão básica

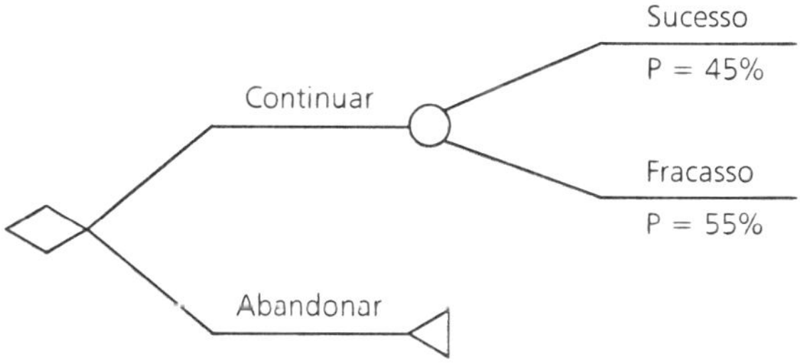

Fonte: George Wu, "Decision Analysis", nota 9-894-004 (Boston: Harvard Business School, revisado em 4 de dezembro de 1997). Adaptado com permissão.

As árvores de decisão são úteis para representar graficamente alternativas e suas prováveis conseqüências, estimadas pela equipe de decisão e pelos analistas. Exibidas em um quadro-branco ou numa tela, elas se tornam a peça central para a discussão e o debate. Essa abordagem funciona particularmente bem nas decisões de investimento para as quais você pode estimar razoavelmente a probabilidade de vários resultados (como o sucesso ou o fracasso), e as conseqüências financeiras.

Considere um exemplo típico. Você e sua equipe devem decidir se continuam a fabricar internamente um componente ou se terceirizam o trabalho a um fornecedor. Uma árvore de decisão pode apresentar essas alternativas, como mostramos na Figura 5.2. Com base nessa árvore de decisão, o melhor curso de ação seria buscar a alternativa B. Das duas opções, a alternativa B oferece o mais alto Valor Presente Líquido ajustado ao risco. Ele é ajustado ao risco pela incorporação da probabilidade no resultado financeiro final.

As árvores de decisão em geral são mais robustas do que as duas usadas na Figura 5.2. Árvores de decisão mais abrangentes avaliam mais opções e incluem vários pontos de decisão. Em geral, quanto mais alternativas você considerar e mais complexa for a decisão, mais provável será que você descubra uma solução que atenda a suas necessidades.

Uma árvore de decisão, porém, não indica automaticamente o melhor curso de ação; você ainda precisa avaliar as informações na árvore. Além disso, as probabilidades e estimativas financeiras indicadas na árvore de decisão devem ser realistas e, quando possível, baseadas em dados disponíveis.

FIGURA 5.2
Árvore de decisão expandida

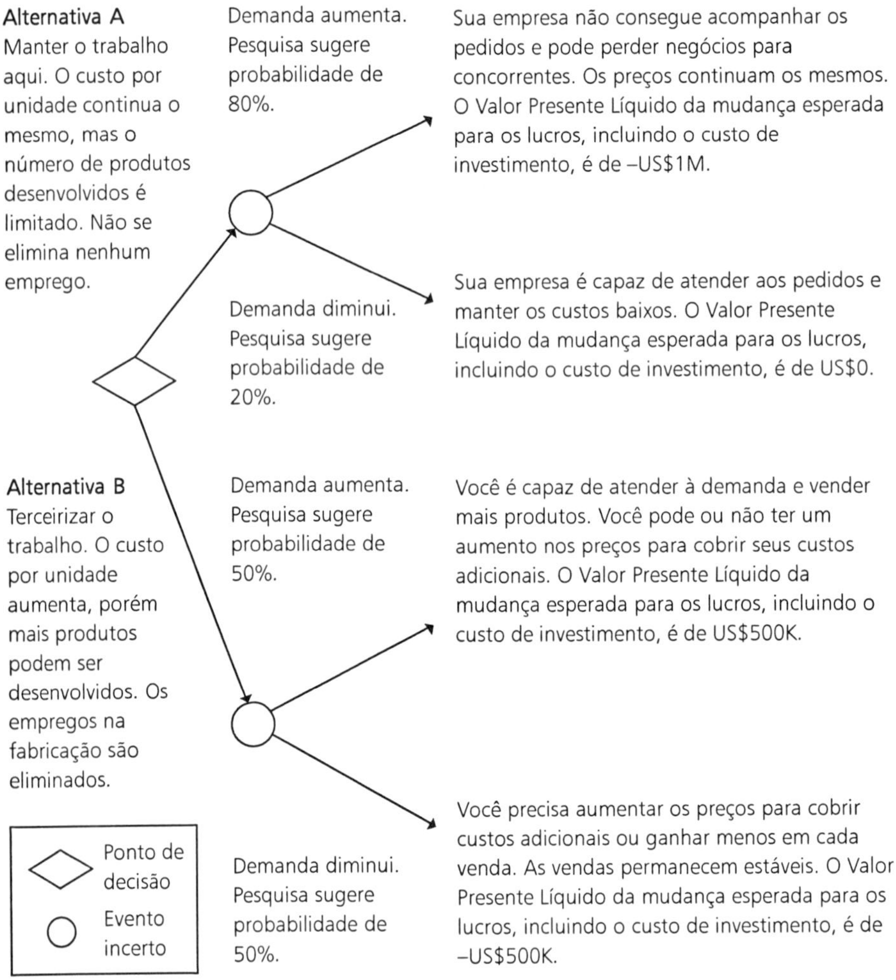

Fonte: Harvard ManageMentor® sobre *Tomada de Decisões nos Negócios*, adaptado com permissão.

Os computadores no resgate

Uma boa decisão, de acordo com Alan Rowe, depende da capacidade dos gerentes de encontrar sentido nas informações de que dispõem, algo extremamente difícil quando as informações são volumosas e vêm de muitas fontes sem relação entre si. Nesses casos, os agentes de decisão podem precisar da ajuda dos computadores para classificar os dados, ordená-los de maneira útil e mastigar alguns números. "Os gerentes dependem de suas percepções e capacidades cognitivas quando usam informações", escrevem Rowe e a co-autora Sue Anne Davis. "Onde a percepção ou a cognição limita sua eficácia, um sistema de informações inteligente pode suplementar as capacidades."[3] Em um mundo complexo, os agentes de decisão podem ficar confusos, tontos ou até paralisados com a montanha de informações desorganizadas. É aí que entram os computadores e os softwares de decisão para resgatá-los.

Desde que entrou em uso, segundo Rowe e Davis, os computadores progrediram de simples armazenamento e regurgitação de informações para um trabalho mais sofisticado, como a simulação e a previsão de resultados. Na verdade, a tecnologia veio para auxiliar os gerentes na forma de softwares de tomada de decisões. Algumas das ferramentas disponíveis atualmente concentram-se em técnicas de análise específicas, como árvores de decisão. Outras permitem que os usuários modelem cenários alternativos e façam simulações; algumas são feitas sob medida para as necessidades de setores específicos, como subscrição de seguros, empréstimos comerciais e gestão de portfólio do setor de energia. Os mais simples desses softwares são baratos e podem ser comprados em lojas.

David Matheson, CEO da SmartOrg, uma produtora de software de apoio a decisões em Menlo Park, na Califórnia, categoriza estas ferramentas em quatro grupos. O primeiro e mais simples é o que ele chama de software de escolha de produto. É provável que você tenha encontrado este tipo de ferramenta de decisão em compras *online* de uma câmera nova ou produto similar. A ferramenta lhe faz uma série de perguntas sobre suas preferências de compra: suas habilidades na fotografia, as aplicações pretendidas, preferências de opção e preço, quantos megapixels são necessários (para câmeras digitais) e assim por diante. Depois de um segundo ou dois analisando as respostas, o programa gera uma lista curta de câmeras disponíveis que devem atender a suas necessidades.

As seguradoras e as instituições de empréstimo desenvolveram "sistemas especialistas" semelhantes e mais complexos para ajudar na tomada de decisões. Um dos primeiros foi usado para tornar os especialistas em subscrição de seguros mais eficientes em suas decisões. Esse sistema de software verificava as solicitações submetidas por possíveis segurados comparadas a um conjunto de padrões que apoiavam a emissão ou não das apólices. Por exemplo, se um solicitante indicasse um histórico de doença cardíaca precoce em sua família ou se tivesse mais de duas violações de direção no registro de habilitação, o sistema automaticamente registraria um certo número de pontos negativos contra o solicitante. Ao lidar com essas questões simples com rapidez e precisão, o software permitia que os subscritores concentrassem seu tempo e sua atenção em questões mais difíceis e ambíguas, e os ajudava a tomarem decisões melhores. Muitas solicitações de empréstimo agora são tratadas por softwares semelhantes de assistência em decisões.

Matheson aponta para um software de produtividade de grupo como a segunda maior classe de softwares de apoio a decisões. Esse software ajuda os membros de grupos de decisão a comunicarem suas preferências a outros e identificar questões com as quais concordam ou não. Por exemplo: uma equipe de gerentes de publicidade e pessoal de criação pode usar esse software, conectado com dispositivos de voto eletrônico, para indicar o nível de apoio individual aos muitos elementos que entram em um programa publicitário multimídia. Os membros do grupo podem identificar rapidamente as questões em que concordam ou discordam — bem como a magnitude de seus sentimentos. Eles podem depois concentrar o raciocínio e a discussão nas áreas de divergência.

O software de análise de decisão é a terceira classe descrita por Matheson. Esse tipo de software pode ser usado, por exemplo, para simplificar a construção de árvores de decisão na modelagem e quantificação das dezenas de fatores importantes que influenciam um resultado. Ou pode ser usado com uma planilha eletrônica para modelar a declaração de renda de um projeto planejado, possibilitando observar as conseqüências financeiras de vários cenários de receita ou custo: o clássico exercício de "e se".

A forma mais complexa de software de decisão é o que Matheson chama de ferramentas de decisão empresariais. Esses sistemas dinâmicos incorporam probabilidades e fluxos de caixa previstos e muitos outros fatores. Os "sistemas de gerenciamento baseados em valor" da SmartOrg, por exemplo, foram desenvolvidos para ajudar as organizações de P&D a identificarem e gerenciarem os riscos e impulsionadores de valor em projetos individuais e em todos os portfólios de P&D. Um módulo, por exemplo, indica graficamente o impacto de cada incerteza (como custos variáveis, fixação de preços) no Valor Presente Líquido de um projeto. Isso facilita detectar quais incertezas podem ser mais perigosas e quais são banais. Outro módulo classifica todos os projetos no portfólio de P&D em termos de retorno sobre o investimento. Esses módulos ajudam os gerentes a tomarem decisões sobre que projetos financiar e quais eliminar. E, para uma empresa grande, com intensa P&D, essas decisões valem muitos milhões.

É provável que você já esteja usando algum tipo de software de decisão, mesmo que seja apenas uma planilha Excel para criar uma declaração de renda *pro forma* para o ano seguinte. É um bom começo, mas ferramentas mais elaboradas estão disponíveis (ver, a seguir "Quer aprender mais sobre software de decisões?"). Você deve se familiarizar com aquelas que podem ajudar a sua empresa.

Quer aprender mais sobre software de decisões?

Muitos softwares de decisões agora estão disponíveis. Muitos são planilhas, árvores de decisão, diagramas de influência e outras técnicas avançadas. Para analisar o que está disponível, verifique o seguinte *site*, fornecido pela Decision Analysis Society e hospedado pela Fuqua School of Business na Universidade Duke: http://faculty.fuqua.duke.edu/daweb/dasw.htm.

O problema da incerteza

À medida que avaliar alternativas, você perceberá que algumas são mais incertas do que outras. Por exemplo, a alternativa C pode ter um retorno em potencial muito maior para a empresa do que a alternativa D. Mas o retorno de C pode depender de pressupostos e estimativas de custo que podem ou não se sustentar, enquanto D é quase certo.

Nos negócios, incerteza do resultado é sinônimo de risco, e você deve levar isso em consideração em sua avaliação. Abordaremos esse assunto brevemente em nossa discussão sobre probabilidade. Há mais, muito mais, sobre a incerteza que você precisa considerar — tanto que fizemos da incerteza o tema de um capítulo (o Capítulo 7).

A tarefa de avaliar alternativas é mais eficaz quando você tem uma abordagem sistemática e ferramentas rigorosas à mão (ver "Dicas para avaliar alternativas"). Se você for capaz de adaptar a sua empresa às ferramentas descritas aqui, estará em melhor situação para tomar uma boa decisão. Porém, sempre tenha em mente seu objetivo e concentre-se nele quando avaliar cada alternativa.

Dicas para avaliar alternativas

- Peça aos membros mais respeitados e objetivos da equipe de decisão para agirem como advogados do diabo. A tarefa deles é argumentar contra as propostas preferidas do grupo. Peça-lhes para explicarem em detalhes por que a opção preferida não deve ser adotada.
- Reconheça e discuta pontos de vista minoritários sempre que possível. Procure incluir mais de uma pessoa em seu grupo que possa expressar uma opinião minoritária. Uma única pessoa que discorde da maioria é muito menos eficaz do que várias vozes discordantes. Um único dissidente pode relutar em falar.

Resumo

- A meta de avaliar alternativas deve ser estimar até que ponto cada opção atende ao objetivo que você estabeleceu no início.
- Quando estão em jogo decisões estratégicas e de emprego de capital, você deve analisar rigorosamente as alternativas em termos de medidas financeiras de valor. O Valor Presente Líquido (VPL) é a principal medida.
- O Valor Presente Líquido é a soma do Valor Presente de um ou mais fluxos de caixa futuro, menos quaisquer custos de investimento iniciais.
- Uma matriz de priorização proporciona uma forma de comparar como cada alternativa alcança seus objetivos. Você cria esse gráfico listando primeiro cada objetivo e atribuindo a ele um peso ou valor. Depois estima como cada alternativa atende a esses objetivos, usando uma escala de 1 a 10. Um processo de multiplicação e soma determina a pontuação total de cada alternativa, e aquela com a pontuação mais alta é a mais bem-sucedida para atender às prioridades da empresa.
- Uma tabela de *trade-off* é um método para comparar características importantes de suas alternativas.
- Uma árvore de decisão é uma representação gráfica dos cursos alternativos de ação e seus prováveis resultados. Você pode quantificar o valor daqueles resultados atribuindo probabilidades aos resultados financeiros estimados.
- Softwares especializados foram desenvolvidos para ajudar os agentes de decisão a coletarem e organizarem informações e a processarem números.

6

Tome a decisão

Entrando em acordo

Principais tópicos abordados neste capítulo

- *Como usar três técnicas para levar um grupo a tomar uma decisão*
- *Os perigos de tomar uma decisão cedo demais — ou tarde demais*
- *O primeiro passo da implementação da decisão*

O CAPÍTULO 5 DELINEIA várias técnicas para avaliar alternativas. Essas técnicas podem ajudar você a comparar os prós e os contras de cada opção. Porém elas não ditam que decisão deve ser tomada, porque as pessoas na equipe de decisão podem ter visões diferentes das avaliações. Além disso, preocupações subjetivas e qualitativas podem não ser plenamente tratadas no processo de avaliação. Por conseqüência, considerações úteis e subversivas devem perdurar.

A equipe de decisão deve considerar suas avaliações e opiniões conflitantes e dar o passo seguinte: tomar uma decisão. Este capítulo descreve três técnicas que você pode usar para chegar à conclusão sobre uma decisão difícil. Ele também indica os passos que a gerência deve dar para comunicar a decisão e envolver os que serão responsáveis por sua implementação.

Três técnicas para tomar uma decisão

Com base no processo, sua equipe de decisão deve entrar em acordo quanto a seu objetivo e a importância da questão a ser tratada. Não deve haver preocupações ocultas ou de interesse pessoal; todos os fatos relevantes, incertezas e questões devem ser expostos. Dada essa situação, os membros da equipe podem examinar objetivamente as alternativas e suas respectivas evoluções. Como juízes sensatos, vão peneirar as evidências, pesar os prós e os contras e passar para a decisão.

Mas nem sempre é assim tão fácil. Algumas pessoas podem se comprometer com uma opção. Outras podem ter problemas para avaliar os méritos e as deficiências das alternativas. Muitas outras ainda podem discordar de pressupostos básicos. Além disso, incertezas não resolvidas tendem a perturbar os agentes de decisão. Felizmente, existem técnicas que podem ajudar a equipe de decisão a passar por essas dificuldades: *catchball*, ponto-contraponto e cão de guarda intelectual. Explicaremos essas técnicas nesta seção.

Catchball

Catchball é um dos muitos métodos gerenciais desenvolvidos no Japão nas últimas décadas. É um método interfuncional para aprimorar idéias e estimular o envolvimento dos participantes.[1]

Veja como funciona. Uma idéia inicial é "lançada" a um colaborador para que ele a considere, como na Figura 6.1. A idéia pode ser uma nova estratégia de marketing, um novo produto ou uma maneira de melhorar um processo de trabalho. A pessoa que "pega" o plano terá tempo para entendê-lo e refiná-lo. Então, lança a idéia melhorada de volta ao grupo, quando ela é "pega" por outra pessoa e — assim se espera — aprimorada ainda mais. E continua dessa forma, em um ciclo de melhoria gradual até que as pessoas fiquem satisfeitas e nenhuma outra melhoria significativa possa ser feita. À medida que participam, as pessoas desenvolvem um senso de responsabilidade partilhada e de compromisso com a idéia que surge aos poucos — e essas sensações de propriedade ajudam quando chega o momento de implementar a decisão.

FIGURA 6.1
Catchball

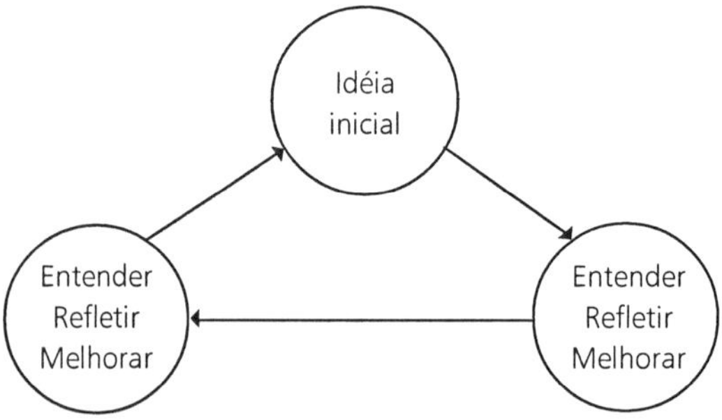

Você pode usar a mesma abordagem para encerrar uma decisão difícil. Considere, por exemplo, como uma equipe de tomada de decisão pode usar o *catchball* para escolher a melhor alternativa para adquirir e manter uma frota de automóveis da empresa. A empresa precisa decidir se renova seu contrato de aluguel atual, se escolhe outra locadora ou se compra os veículos.

Depois de considerar todos os fatores, Helen preferiu uma renovação do contrato de locação atual com a LeaseCo (todos os nomes neste exemplo são fictícios). "Há muito mérito na idéia de trocar a LeaseCo pela Consolidated Motors", disse ela aos outros. "Os termos da Consolidated são mensuravelmente melhores, mas não podemos ter certeza da qualidade de sua manutenção, apesar dos termos do contrato e das garantias verbais. Eu fico pensando na velha expressão 'melhor o diabo que se conhece do que o que não se conhece'. É por isso que prefiro nosso contrato de aluguel atual."

Karl "apanhou" o problema. "Sim, há uma questão de incerteza aqui", concordou ele. "Nunca saberemos realmente se a Consolidated é uma boa fornecedora até que estejamos comprometidos com ela. Ainda assim, não me agrada deixar US$45.000 em economias, por ano, escorregarem por entre nossos dedos." Karl perguntou à equipe se poderiam deixar a decisão de lado por uma semana enquanto ele tentava esclarecer a incerteza sobre o desempenho da Consolidated. Naquela tarde, ele pediu a um de seus subordinados para investigar. "Consiga *os nomes de dez ou doze empresas que operam atualmente frotas de carros alugados da Consolidated", disse ele. "Depois, consiga o número de telefone e entre em contato com a pessoa mais envolvida no negócio." Em seguida, passou ao subordinado uma lista de cinco perguntas relacionadas com a satisfação de clientes e o desempenho da Consolidated. "Preciso das informações para o início da semana que vem."*

Na reunião seguinte da equipe de decisão, Karl relatou suas descobertas. Todos ficaram satisfeitos ao ver como as informações adicionais cobriam um hiato de incerteza, tornando mais fácil chegar a uma decisão.

Uma das virtudes do *catchball* é que cada "apanhador" assume a responsabilidade de tomar uma medida que melhore a probabilidade de uma boa decisão. No exemplo, Karl fez isso, adquirindo informações que antes não estavam disponíveis, e que eliminaram uma importante fonte de incerteza para a equipe de decisão.

Ponto-contraponto

O *ponto-contraponto* envolve o mesmo princípio de melhoria interativa, mas requer duas equipes. Eis aqui como você pode usá-lo:

1. Divida sua equipe de decisão em dois grupos de igual tamanho: grupo A e grupo B. Certifique-se de incluir em cada grupo pessoas que defendem idéias contrárias.
2. O grupo A propõe uma decisão. A proposta por escrito deve incluir recomendações, pressupostos-chave e dados de apoio.
3. O grupo A apresenta sua proposta ao grupo B em uma reunião.
4. O grupo B identifica um ou mais cursos alternativos de ação, documentando os principais pressupostos e reunindo dados de apoio.

5. O grupo B apresenta suas idéias ao grupo A em uma segunda reunião.
6. Em uma terceira reunião, os dois grupos debatem as duas propostas e identificam um conjunto comum de pressupostos. Gerencie a reunião de modo que os dois grupos continuem a debater uma variedade de opções com base em pressupostos comuns. A última meta é conseguir que ambos os grupos concordem com uma recomendação.

Essa é uma maneira excelente de garantir que sejam incluídos todos os pontos de vista e todos os *insights* pessoais. Considere este exemplo:

> *O departamento financeiro da Gizmo Products, Inc. esteve envolvido em um debate acalorado sobre que empresa de contabilidade usar para auditar seus livros do ano (novamente, todos os nomes no exemplo são fictícios). Um grupo preferia uma das empresas nacionais com nome forte, enquanto o outro preferia uma empresa local, menor, mas respeitada. Eles chegaram a um impasse e não conseguiam tomar uma decisão que a maioria apoiasse. O diretor financeiro não queria impor sua visão aos subordinados. "Precisamos de uma decisão que seja aceita pela maioria das pessoas", disse ele. "É assim que trabalhamos aqui."*
>
> *Usando a técnica de ponto-contraponto, a equipe de tomada de decisão se divide em dois grupos, cada um contendo quem sustente opiniões contrárias. Um grupo desenvolve uma proposta de decisão, que o outro considera e depois devolve ao primeiro grupo para avaliação e melhoria. Por fim, eles chegam a uma conclusão que reflete os* insights *de todos os participantes, e que todos podem aceitar.*

À primeira vista, pode-se pensar que os dois grupos ficariam no mesmo impasse do departamento. Afinal, cada um continha membros que apoiavam pontos de vista contrários. Mas os grupos pequenos têm estranha química que em geral leva ao consenso — algo que é mais difícil de conseguir em grupos maiores.

Cão de guarda intelectual

Semelhante à técnica de ponto-contraponto, a técnica de *cão de guarda intelectual* começa pela divisão da equipe de decisão em dois grupos. Mas em vez de pedir a cada grupo que desenvolva uma contraproposta, solicita-se a um deles que critique a abordagem do outro e peça melhorias.

Eis aqui os passos para usar a técnica:

1. Divida sua equipe em dois grupos de igual tamanho: grupo A e grupo B.
2. O grupo A desenvolve uma proposta por escrito para sua decisão. A proposta deve incluir recomendações, pressupostos-chave e dados de apoio.
3. O grupo A apresenta sua proposta ao grupo B em uma reunião.
4. O grupo B desenvolve uma crítica detalhada por escrito aos pressupostos e recomendações do grupo A.
5. O grupo B apresenta sua crítica ao grupo A em uma segunda reunião.
6. O grupo A revisa sua proposta com base no *feedback* do grupo B.
7. O grupo A apresenta sua proposta revisada em uma terceira reunião.
8. Nas reuniões subseqüentes, os dois grupos continuam a criticar e a revisar a proposta até que concordem com uma recomendação.

Aqui está um exemplo da técnica de *cão de guarda intelectual* em ação:

> *Um fabricante de móveis para escritório precisa melhorar a qualidade de seus produtos, e dois grupos recebem a atribuição de trabalhar no problema, usando a abordagem de cão de guarda intelectual. O primeiro grupo pressupõe que os problemas de qualidade da empresa têm origem em equipamento de fabricação obsoleto, sua recomendação é um investimento em equipamento controlado por computador. Ele desenvolve um documento que explica por que o equipamento é o problema e inclui uma análise de custo-benefício do investimento de US$2 milhões, que acredita ser necessário para resolver o problema.*

Os membros do segundo grupo questionam os pressupostos dos colegas, bem como a estimativa de US$2 milhões. Eles apresentam ao primeiro grupo sua crítica por escrito. O primeiro grupo então revisa sua proposta, e os dois grupos trabalham juntos no ciclo revisão-crítica-revisão até chegar a uma solução que ambos pensem que melhorará a qualidade do produto.

Outras formas de resolver discordâncias e chegar a uma conclusão

Apesar de sua utilidade, nem o *catchball*, nem o ponto-contraponto, nem a técnica de cão de guarda intelectual podem garantir que a sua equipe de decisão vá concordar com uma decisão. Porém, se o líder mantiver o foco dos dois grupos na meta em comum e insistir em um tratamento objetivo das propostas que surgirem, deve-se chegar logo a uma decisão. Na falta desta, um dos seguintes passos pode ser útil:

- Revise e reexamine os pressupostos.
- Volte a seu objetivo original e garanta que ele continue relevante, dada a decisão que você planeja tomar.
- Estabeleça um prazo final. Por exemplo, "na próxima quinta-feira tomaremos nossa decisão, não importa quanta incerteza permaneça". Infelizmente, algumas pessoas falarão e debaterão interminavelmente sem um prazo final específico.
- Concordem antecipadamente em que, se as discordâncias não se resolverem, a decisão será tomada pelo chefe ou por voto majoritário. As pessoas que estiveram indecisas podem mudar de comportamento se entenderem que a decisão pode ser arrancada de suas mãos.

Encerrar as deliberações

Em geral é difícil saber quando encerrar as deliberações. Se você tomar uma decisão cedo demais, pode não explorar cada possibilidade promissora. Se acha que seu grupo está andando rápido demais para tomar uma decisão, é melhor reduzir o ritmo. Considere adiar sua reunião antes de tomar uma decisão final e reconvoque-a algum tempo depois. Peça a cada participante para tentar encontrar uma falha na decisão que o grupo estava prestes a tomar e apresentá-la na reunião seguinte.

O inverso de decidir cedo demais é decidir tarde demais, o que é igualmente problemático. Ao tomar uma decisão tardiamente, você desperdiça um tempo valioso e possivelmente perde a oportunidade que estava tentando aproveitar. As equipes que insistem em ouvir cada ponto de vista, resolver cada questão e ir ao encalço de cada fragmento de informação antes de chegar a uma conclusão, em geral caem em um ciclo cansativo e interminável. Se você achar que seu grupo está andando em círculos, é sua tarefa, como gerente, concluir a discussão. Você pode precisar forçar a questão, estabelecendo um prazo final para uma decisão, usando as melhores informações que tiver então.

Depois da decisão

Uma decisão — em especial uma decisão importante — é um marco, e não o fim da estrada. Depois que uma decisão é tomada, você precisa se voltar para a ação. A implementação está além do escopo deste livro, mas o primeiro passo da implementação, a comunicação, não está. O modo como você comunica a decisão determinará até certo ponto seu sucesso. À medida que comunicar, mostre consideração pelas opiniões dos outros, explique o raciocínio por trás da decisão, declare suas expectativas pós-decisão e notifique as pessoas certas da decisão que você tomou.

Mostre consideração

Se os participantes forem genuinamente estimulados a questionar e debater as idéias dos outros, é mais provável que acreditem que suas opiniões serão consideradas com seriedade, em especial se o líder demonstrou atenção por meio de seus atos — por exemplo, tomando notas e parafraseando o que foi dito para mostrar que estava ouvindo com atenção. Mesmo que as opiniões dos participantes não prevaleçam, saber que foram levadas a sério dará credibilidade ao processo e aceitação da decisão final.

Infelizmente os gerentes tentam resumir sua obrigação de considerar as opiniões dos outros dando a falsa impressão de que os pontos de vista alheios são considerados na decisão. Pense neste exemplo:

Toda manhã de segunda-feira, Lester convocava uma reunião de equipe para identificar questões preocupantes e tomar decisões sobre o trabalho à frente. Ele presidia e seus quatro subordinados diretos participavam. Não levou muito tempo, porém, para que os subordinados percebessem que as idéias de Lester sempre prevaleciam. Ele pedia idéias a eles, e eles as expunham. Mas, ao final, Lester tomava todas as decisões e sempre fazia tudo do jeito dele. "Que sentido tem essa encenação?", queixou-se um dos subordinados de Lester a outro. "Por que ele não deixa o fingimento de lado e simplesmente nos diz o que decidiu?"

Não seja como Lester. Se convidar os outros a participarem das decisões, esse convite deve ser autêntico. Se você fizer teatro, vai perder o respeito e a cooperação, e seu pessoal mais capacitado um dia vai partir em busca de melhores oportunidades.

Explique a decisão

Sempre explique o raciocínio que o levou à decisão final. É importante esclarecer por que essa alternativa foi escolhida em detrimento de outras. A explicação faz com que confiem nas intenções do líder e em que a decisão foi tomada para o benefício de toda a empresa. Se não agir dessa maneira, as pessoas vão se perguntar: "Por que ele chegou a considerar minha opinião?"

Gerencie as expectativas pós-decisão

Depois que uma decisão foi tomada, todos os que são afetados por ela devem entendê-la, assim como as suas conseqüências. Novas responsabilidades precisam ser explicitadas, como também as expectativas de desempenho e as punições para o fracasso. Quando entendem claramente as expectativas, as pessoas podem se concentrar no que é preciso ser feito.

Notifique as pessoas certas

Notifique a decisão a todos os responsáveis por sua implementação, bem como qualquer pessoa afetada por ela. Sua lista pode incluir também os principais interessados: membros de sua unidade que não fizeram parte do grupo de tomada de decisão, a gerência sênior, os supervisores do departamento, interessados externos e até clientes, se eles vierem a constatar uma mudança na forma como você negocia com eles.

Sua mensagem a essas pessoas deve incluir:

- **Uma declaração da questão que foi abordada.** "Nossa política de bonificação não tem diferençado, com eficácia, os funcionários que têm alto desempenho dos demais. Os valores dos cheques de bonificação de nossos funcionários do quartil de melhor desempenho não são muito maiores do que os do quartil inferior."
- **Uma descrição dos objetivos ou dos critérios da tomada de decisão.** "Partimos de um objetivo claro: reestruturar o sistema de bonificação para recompensar as pessoas de suas verdadeiras contribuições."

- **Os nomes e papéis das pessoas envolvidas na tomada de decisão e por que elas foram incluídas.** "Nossa equipe de decisão incluiu pessoas com *insights* especiais para a questão: Sharon Henderson, diretora de benefícios e remuneração, Stan Holloway, nosso diretor de operações..."
- **As alternativas consideradas (e possivelmente um resumo da análise sob a forma de tabela).** "Depois de um período de *benchmarking* das empresas que têm melhores práticas, chegamos a três opções, mostradas nesse cabeçalho..."
- **Uma explicação da decisão final e do que ela significa para os principais interessados.** "No final, descobrimos que a opção B é a melhor, dado nosso objetivo de escala das bonificações para contribuições mensuráveis. Sharon explicará como é estruturada e o que significa."
- **O plano de implementação e o contexto de tempo.** "Todos os que são qualificados para o plano de bonificações receberão um folheto explicando como ele funciona e como está ligado a nosso sistema de análise de desempenho. Ele entrará em vigor no início do próximo trimestre."
- **Reconhecimento daqueles que participaram.** "Esse novo plano reflete as idéias e o trabalho árduo de muitas pessoas. Todos os funcionários da Gizmo Products devem agradecer a elas suas contribuições."
- **Solicitação de *feedback*.** "Uma das coisas que aprendemos é que nenhum sistema de bonificação é perfeito. Esse também não será. E saberemos mais sobre suas imperfeições à medida que o implementarmos. Assim, estimulamos o *feedback* de vocês, as pessoas afetadas pela decisão. À medida que virem maneiras melhores de atingir nosso objetivo de recompensar o desempenho, digam a mim, digam a Sharon, digam aos seus chefes. Suas idéias têm importância para esta empresa."

Certifique-se de reservar tempo para criar uma mensagem clara e concisa. Uma mensagem incompleta e mal articulada sobre a decisão pode levar a confusão, decepção e indisposição de apoiar a implementação.

Depois de tomada uma decisão final, alguns membros da equipe de decisão terão de abrir mão de suas soluções preferidas. Porém se eles considerarem o processo de tomada de decisão justo, isso não deve ser um problema. Há muitas evidências de que a percepção da justiça consegue mitigar a oposição, criando legitimidade e preparando o caminho para o apoio. Para saber mais sobre esse tema, ver, a seguir, "Dicas para promover um processo justo".

Dicas para promover um processo justo

Aqui está o que você pode fazer para garantir que seu processo seja justo e percebido como tal.

- Ouça com atenção as pessoas que não compartilham de suas idéias e seja paciente quando os outros explicarem as deles. Procure não interromper; do contrário, dará a impressão de que você está apressando a decisão.
- Faça contato visual com os outros membros da equipe de decisão e demonstre que você ouve o que estão dizendo.
- Tome notas ou nomeie alguém para essa atividade, para demonstrar que as idéias de todos são valorizadas e respeitadas — e estão sendo registradas.
- Deixe claro desde o início que, embora nem todas as sugestões do grupo venham a ser adotadas, todas serão devidamente consideradas.
- Faça perguntas para promover a compreensão, fomentar o debate e incitar novas idéias.
- Quando fizer uma pergunta ou mudar a conversa para um outro assunto, repita a idéia principal dos comentários da pessoa. Por exemplo:

"Seu argumento é bom. O vendedor A tem excelentes referências. Os outros compartilham essa opinião sobre o vendedor A? Alguém identificou alguma falha na proposta do vendedor A?"

- Se você for responsável por tomar a decisão final (em vez de obter um consenso ou o voto da maioria), informe aos membros do grupo que as idéias deles afetaram a decisão final, ou explique por que você discorda deles.

Agora, todos os cinco passos do processo de decisão foram descritos: estabelecer o contexto, contextualizar o problema, gerar alternativas, avaliá-las e tomar a decisão. Esse processo pode ser aplicado a decisões de todos os tipos e grandezas. Nos capítulos seguintes, retomaremos detalhes de algumas das questões mais difíceis enfrentadas pelos agentes de decisão, a começar pela incerteza.

Resumo

- O *catchball* é um método para melhorar idéias e criar envolvimento entre os participantes. Quem "pega" uma idéia assume a responsabilidade de compreendê-la e melhorá-la antes de "passar a bola" a outro integrante do grupo de decisão.
- O ponto-contraponto envolve o mesmo princípio de melhoria interativa do *catchball*, porém envolve duas equipes. Cada uma é solicitada a desenvolver uma contraproposta.
- A técnica de cão de guarda intelectual, como a de ponto-contraponto, divide a equipe de decisão em dois grupos, mas, em vez de pedir a cada um para desenvolver um conjunto de contrapropostas, solicita-se que um dos grupos critique e identifique possíveis melhorias na abordagem do outro.

- Evite encerrar as deliberações cedo demais ou tarde demais. Encerrar cedo demais pode deixar de lado oportunidades promissoras que não foram exploradas. Encerrar tarde demais desperdiça tempo e pode levar sua equipe de decisão a perder uma oportunidade fugaz.

- Depois de tomar uma decisão, você deve começar a implementá-la. O primeiro passo é a comunicação. Quando comunicar a decisão, faca-o a todas as pessoas corretas, mostrando consideração pelas opiniões dos outros, explicando o raciocínio que o levou à decisão e declarando as expectativas pós-decisão.

- A implementação terá mais êxito se as pessoas afetadas por ela considerarem justo o processo de decisão.

7

O problema da incerteza

Como lidar com o desconhecido

Principais tópicos abordados neste capítulo

- *Um processo de três passos para lidar com a incerteza na decisão*
- *Táticas de negócios para lidar com a incerteza*
- *Como e quando seguir sua intuição*

SE VOCÊ É COMO MUITAS PESSOAS, a incerteza — isto é, o risco — é um empecilho importante para tomar boas decisões — ou para tomar qualquer decisão. Toda decisão envolve uma viagem por trechos nebulosos de incerteza porque as decisões tratam do futuro, uma história ainda não escrita para a qual não existem informações.

A maioria de nós depende do que sabemos sobre o passado para discernir o futuro. O que sabemos do passado e do presente pode nos ajudar a entender onde estamos, onde estivemos e qual é a trajetória geral de nossa jornada. Mas o passado e o presente nada mais dão do que dicas sobre o futuro. Como afirmou Coleridge, "a história é uma lanterna na popa de um navio, revelando somente por onde passou", lançando só uma luz fraca sobre o rumo à frente.

Considere estes exemplos típicos de incertezas na decisão:

Sim, podemos aumentar nossos preços, mas como os clientes reagirão?

Será que devemos encomendar mil unidades ou cinco mil? Posso conseguir um desconto no pedido por volume maior, e isso me economizará dinheiro em cada unidade. Isto é certo. Mas não tenho certeza se posso vender cinco mil unidades sem diminuir o preço.

Gostamos desse plano estratégico. Parece sólido e nos diferenciará de uma forma que os clientes apreciarão. Mas nossos concorrentes não são tolos; eles não vão fi-

car inertes e nos deixar atropelá-los. Alguém pode me dizer o que nossos concorrentes podem fazer para contra-atacar nossa nova estratégia? Talvez eles já estejam tomando atitudes de que não tenhamos conhecimento.

De acordo com a taxa de câmbio atual, eu devo comprar um título do tesouro americano de dez anos por US$100.000. Meus euros podem comprar mais nos Estados Unidos por menos do que podiam no ano passado. Mas se o dólar americano continuar a enfraquecer em comparação com o euro, o poder de compra de minha renda dos juros aqui na Europa vai cair também. Alguém pode dizer qual será a taxa de câmbio no ano que vem, ou daqui a cinco anos, ou daqui a dez anos?

Este capítulo aborda o problema da incerteza e oferece uma abordagem de três passos para lidar com ele:

Passo 1: Identifique as áreas de incerteza.
Passo 2: Determine que incertezas podem ter mais impacto sobre o resultado de sua decisão.
Passo 3: Reduza as principais incertezas na medida em que você tiver tempo e recursos para tanto.

Esses passos podem não resolver o problema da incerteza, mas podem ajudar a reduzi-la e melhorar as probabilidades de tomar uma boa decisão.

Por fim, há a questão da intuição. O que seus "instintos" lhe dizem quando você depara com a incerteza — ou quando dados supostamente confiáveis lhes são apresentados? Você se vê dizendo: "Os números fazem sentido, mas estou com um mau pressentimento sobre isso"? Vamos explorar esse difícil assunto e terminar com um exemplo de como você pode colocar as partes empíricas e intuitivas de seu cérebro para trabalhar juntas.

Mas, antes, vamos considerar os três passos para lidar com a incerteza.

Passo 1: Identifique áreas de incerteza

É difícil imaginar uma decisão importante para a qual você tenha todas as informações de que precisa para avaliar alternativas e chegar a uma decisão ideal. Pode pensar em alguma? Sempre falta a certeza em uma ou outra área. Veja os exemplos:

- Preferências futuras de clientes
- O impacto de novas tecnologias
- Contra-ataque de concorrentes
- Sucesso técnico de seu laboratório de P&D
- A disponibilidade de capital quando necessário

Quais são as áreas de incerteza nas decisões que você está tentando tomar?

O ideal é que a época de identificação de incertezas coincida com a fase de avaliação do processo de tomada de decisão. Lidar com o desconhecido cedo demais desestimulará as pessoas a desenvolverem uma lista de alternativas criativas. Uma resposta típica pode ser "Esqueça isso... há elementos desconhecidos demais para conseguir o sinal verde da gerência sênior".

A fase de avaliação requer uma identificação sistemática e a listagem das incertezas associadas com cada alternativa. Uma matriz semelhante à mostrada na Tabela 7.1, que descreve versões alternativas de um novo produto de consumo, pode ajudar você a ser sistemático na apreensão de todas as incertezas em um só lugar.

As incertezas listadas na matriz devem se basear nas informações de pessoas experientes: representantes de vendas, gerentes de fabricação e quem quer que tenha *insights* sobre a questão. Faça uma experiência, criando uma matriz similar para as alternativas que você está avaliando hoje. Pense também nas pessoas que podem ajudá-lo a enumerar todas as incertezas.

Solicite faixas

Observe na Tabela 7.1 que cada categoria de incerteza é colocada como uma faixa. Sensatamente, não são feitas estimativas pontuais porque elas quase sempre estão erradas. Pior ainda, as estimativas pontuais dão a impressão de certeza quando não há nenhuma. O que o agente de decisão precisa é de uma faixa de resultados possíveis para cada incerteza, determinada por informantes experientes e com conhecimento sobre o assunto.

"Alguém pode me dar uma estimativa do custo de fabricação da alternativa A?", perguntou o CEO.
"Não podemos dizer com certeza", respondeu Margaret, responsável pela fabricação na equipe de decisão. "Só teremos todas as especificações quando passarmos pela fase de protótipo."

TABELA 7.1
Lista de incertezas

Risco	Alternativa A	Alternativa B	Alternativa C
Vendas por unidade no primeiro ano	35.000–75.000	40.000–70.000	70.000–80.000
Receita líquida de venda por unidade	US$15–20	US$15–20	US$12–15
Custo de fabricação por unidade	US$6–6,50	US$5–8	US$5–6
Tempo para comercialização	8–12 meses	10–12 meses	4–6 meses

"Eu não estava esperando um número exato nessa fase", continuou o CEO. "Mas, com base nas informações disponíveis no momento, que custo devemos encontrar?"
"Estimamos de seis a sete euros por unidade."

Para apreciar a importância das faixas de estimativa — comparadas com as estimativas pontuais considere a analogia estatística: variação sobre a média (média). Uma média é um dado pontual, mas contém informações limitadas sobre os dados dos quais derivou. Por exemplo, considere as pessoas que pegam o ônibus que sai de sua esquina às 8 horas toda manhã. Se você quiser saber algo sobre essas pessoas, pode pesar cada passageiro, somar seus pesos individuais e depois dividir pelo número de passageiros. Na realidade, você calculou o peso médio daqueles passageiros de ônibus — um único número. Digamos que a média foi de 80 quilos. Esse número, porém, não lhe diria o que você precisa saber sobre o peso das pessoas que viajam de ônibus. Todas elas podem pesar muito perto de 80 quilos — digamos, entre 70 e 90 quilos. Ou pode haver muitos que pesam menos de 55, com alguns chegando aos 105 quilos ou mais. Em todo caso, a média seria 80. Se você for um agente de decisão, esse número pode ou não lhe dizer o que você precisa saber sobre os passageiros do ônibus. Na verdade, é provável que *nenhum* deles realmente pese 80 quilos. Saber a faixa de pesos individuais, por sua vez, lhe daria um senso melhor do peso das pessoas que viajam no ônibus.

Quando sua equipe de decisão avalia suas alternativas, você procura estimativas pontuais ou procura faixas de possíveis resultados? Simplesmente reconhecer que as estimativas pontuais quase sempre estão erradas é uma das melhores defesas contra uma decisão ruim.

Atribua probabilidades

Em alguns casos, uma faixa não será suficiente. Em vez disso, uma ou outra coisa ou não irá acontecer. Por exemplo, o desenvolvimento bem-sucedido de um novo produto pode depender do sucesso de um protótipo do laboratório — que funcionará, ou não.

Encontramos as probabilidades antes, em nossa discussão das árvores de decisão. Vamos rever as árvores de decisão e desenvolver um pouco mais esse conceito. Considere a árvore de decisão da Figura 7.1. Os gerentes enfrentam uma seqüência de possibilidades, cada uma delas com sua própria probabilidade estimada. Na primeira decisão, os gerentes devem escolher entre continuar com o desenvolvimento de um novo produto e abandonar o projeto. O que pode acontecer se decidirem continuar? A resposta é que o protótipo do produto vai funcionar, ou não. Na avaliação coletiva do pessoal técnico, a probabilidade de que funcione é de 60%. Depois que essa fase é superada, a empresa continuaria o desenvolvimento, sendo a meta um produto comercialmente viável que pode ser lançado no mercado. Eles estimam em apenas 20% a probabilidade de isso acontecer.

FIGURA 7.1
Probabilidades são cumulativas

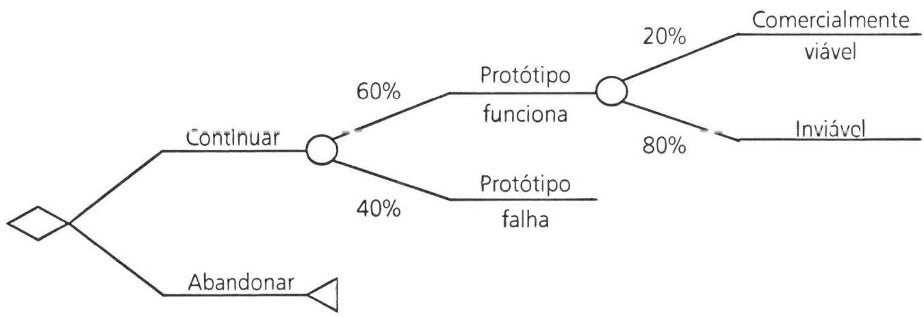

Mas, se você multiplicar as probabilidades desses dois resultados, terá a probabilidade geral de realmente colocar um produto no mercado:

> 60% P de sucesso do protótipo × 20% P de desenvolver um projeto para lançamento = 12%

Passo 2: Determine que incertezas podem ter mais impacto

Não é necessário dizer que algumas incertezas terão mais impacto do que outras sobre o valor de uma decisão. Uma incerteza só poderá reduzir sua margem de lucro se os fatos não ocorrerem como previsto. Outra incerteza, porém, pode ocasionar uma perda de muitos milhões de dólares. A tarefa do agente de decisão é classificar a probabilidade de cada decisão, bem como seu possível impacto.

Voltando à Tabela 7.1, a maior incerteza é o número estimado de unidades a serem vendidas no primeiro ano. A alternativa A é particularmente arriscada nessa pontuação. O custo provável de fabricação da alternativa A, por outro lado, tem uma faixa estreita. Nesse exemplo, se ocorresse a estimativa alta ou a baixa — US$6,00 e US$6,50 —, não haveria muito impacto sobre os lucros operacionais.

Esse resultado pode parecer simples, mas estamos usando um exemplo simples em nossa argumentação. Na vida real, o possível impacto de algumas incertezas sobre o resultado de uma decisão não é evidente de pronto. Nestes casos, os agentes de decisão podem cometer o erro de se desgastar com incertezas que importam muito pouco, enquanto ignoram outras que podem causar sérios danos.

Uma forma de usar os dados desse exemplo é multiplicar a estimativa baixa de vendas por unidade em cada alternativa por sua respectiva estimativa baixa de receita líquida. Depois faça o mesmo com os números de vendas altas por unidade e receitas altas por unidade. O que você obtém é uma faixa de receitas líquidas para cada alternativa, da melhor à pior hipótese, como mostramos na Tabela 7.2.

TABELA 7.2
Faixa de impactos sobre a receita

Faixa	Alternativa A	Alternativa B	Alternativa C
Baixa	35.000 unidades × US$15 por unidade = US$0,525 milhão	40.000 unidades × US$15 por unidade = US$0,6 milhão	70.000 unidades × US$12 por unidade = US$0,84 milhão
Alta	75.000 unidades × US$20 por unidade = US$1,5 milhão	70.000 unidades × US$20 por unidade = US$1,4 milhão	80.000 unidades = US$15 por unidade = US$1,2 milhão
Receita estimada (milhões)	US$0,525–US$1,5	US$0,6–US$1,4	US$0,84–US$1,2

Essa informação oferece uma visão clara do possível impacto de cada uma das alternativas consideradas; a alternativa A contém a faixa mais ampla de resultados possíveis, e a alternativa C, a faixa mais estreita.

Você pode aprimorar ainda mais esse quadro ao calcular o impacto dos custos de fabricação sobre essas mesmas faixas. Desse modo, sua análise ficará mais próxima do efeito final de cada alternativa.

Passo 3: Procure reduzir as principais incertezas

Depois de conhecer as incertezas mais importantes — aquelas que realmente podem prejudicá-lo —, você estará numa situação melhor para alocar o tempo e os recursos financeiros escassos de modo a reduzir as áreas de incerteza. A seguir estão algumas técnicas que as empresas usam para reduzir as incertezas:

- Pesquisa de clientes
- Testes de mercado de novos produtos em cidades selecionadas
- Entrevistas com grupos de foco
- Observação direta de como os clientes usam os produtos
- Simulações por computador

O McDonald's, por exemplo, possui e opera várias lanchonetes (a maioria por franquias) para testar a aceitação dos clientes de novos itens no cardápio antes de tomar a decisão de introduzi-los amplamente. Esse teste consome tempo e recursos, mas reduz o risco nas decisões da empresa. Outras empresas usam métodos sofisticados, como a análise conjugada (mapeamento de como os clientes vêem o valor relativo das características de produto), para testar a disposição dos clientes a trocarem um valor pelo outro. Esses e outros métodos lançam uma luz sobre áreas obscuras em que devem operar os agentes de decisão.

Muitas incertezas de decisões envolvem futuras preferências de clientes (o que eles vão querer?) e níveis de demanda futura de clientes (quanto eles vão querer?). O primeiro é fundamental para decisões sobre desenvolvimento de produtos e serviços; o segundo afeta decisões que se voltam para produção e estoque. Embora a maioria das pessoas tente esclarecer essas incertezas por meio de pesquisa de mercado, algumas empresas encontraram métodos táticos para reduzi-las. A seguir, abordaremos quatro desses métodos: redução de hiatos de tempo, fabricação por pedido, táticas de limitação do risco e decisões por etapas.

Reduzir hiatos de tempo

No início da década de 1990, os pesquisadores da Harvard Business School descobriam uma diferença importante entre os fabricantes de automóveis japoneses e americanos: os japoneses estavam projetando e lançando modelos novos de carros em aproximadamente dois anos, enquanto seus concorrentes americanos levavam quase quatro anos para fazer o mesmo. A maior velocidade para chegar ao mercado dava aos japoneses algumas vantagens. A mais óbvia era que eles começavam muito antes a receber receitas dos investimentos nos novos modelos. Os americanos enfrentavam quatro anos de despesas antes de ganhar um dólar por seu trabalho. Mas havia outro benefício, menos óbvio, de reduzir o tempo de lançamento: menos incerteza.

A incerteza para os japoneses era mais baixa porque eles tinham de prever as necessidades e preferências dos clientes com apenas dois anos de antecedência — um horizonte de planejamento razoável — em vez de quatro anos. Além disso, as tecnologias que eles projetavam em seus veículos podiam ser novas e empolgantes dois anos depois, quando os modelos recém-projetados chegavam às lojas dos revendedores. A Ford, a General Motors e a Chrysler (agora DaimlerChrysler), por sua vez, tinham de prever o que os clientes iriam querer com quatro anos de antecedência — uma tarefa de muito mais especulação. E as tecnologias que eles adotavam para seus veículos corriam o risco de ficar ultrapassadas na época em que os novos modelos chegavam às lojas. Esses problemas aumentavam os riscos de produção de novos modelos.

Quanto tempo sua empresa leva para projetar e lançar um novo produto? Um ano? Três anos? Cinco? Qualquer que seja a resposta, você pode reduzir parte da incerteza diminuindo o hiato de tempo entre sua decisão e a implementação. Assim como nossa visão fica menos clara à medida que desviamos nossos olhos de nossa vizinhança imediata e olhamos o horizonte distante, os horizontes de planejamento tornam-se cada vez mais incertos à medida que se ampliam no futuro.

Talvez nenhuma empresa tenha aprendido e agido de acordo com essa lição com mais capacidade do que a Zara, uma bem-sucedida *designer* e fabricante espanhola de roupas da moda. As roupas da moda notoriamente têm vida curta — um alvo em movimento —, e como resultado os fabricantes que se atrasam para colocar as roupas no mercado perdem vendas e ficam com muitas mercadorias no estoque. A Zara contra-atacou os dois problemas, desenvolvendo um sistema de informações de clientes para descobrir o que estava no auge, e um processo de fabricação capaz de colocar novos produtos no mercado em menos de duas semanas, antes que "esfriasse" a moda. Esse sistema elimina parte do risco de decisões de produto. Como descreveram David Bovet e Joseph Martha em seu livro sobre cadeia de fornecedores, *Value Nets*, "a capacidade da Zara de levar novos modelos às lojas em menos de duas semanas permite que a empresa tenha um estoque menor e minimize seu acúmulo por disparidade entre oferta e demanda".[1]

Fabricação por pedido

A moda não é o único campo em que as incertezas da demanda infestam o pensamento dos gerentes. Setores de construção civil a de tecnologia de ponta enfrentam o mesmo problema. Outra forma de reduzir a incerteza é adotar uma estratégia de fabricação por pedido. Seguindo essa estratégia, os agentes de decisão não precisam apostar em quantos produtos fabricar ou como configurá-los. Essas decisões são tomadas pelos clientes antes da produção.

Nem toda empresa pode seguir uma estratégia de fabricação por demanda porque seus clientes não vão esperar uma semana, um mês ou mais tempo para receber o pedido; eles o querem rapidamente. Mas entre aquelas que podem fazê-lo, algumas obtiveram sucesso, como notoriamente aconteceu com a Dell, a maior fabricante de computadores pessoais do mundo. Os gerentes da Dell não são sobrecarregados de decisões sobre quantas máquinas construir e que características incluir. Os clientes tomam essas decisões por eles diariamente. A cadeia de fornecedores da Dell só entra em ação quando um pedido é tomado e as especificações exatas são conhecidas. Essa cadeia de fornecedores é tão eficiente que a Dell pode entregar uma máquina feita sob encomenda na porta de um cliente em dez dias ou menos. As rivais que formam estoque, por sua vez, em geral produzem muitas máquinas que são desprezadas pelos clientes e terminam como estoque indesejado. E, no setor de PCs, o valor do estoque se deteriora a uma taxa surpreendente de 2% ao dia. Esses fabricantes também se arriscam ao produzir menos que a demanda em um determinado mês, o que resulta em vendas perdidas.

Será que é possível aplicar a estratégia de fabricação por pedido em sua empresa? Em caso afirmativo, você pode eliminar a incerteza substancial de suas decisões de produção. Se sua empresa não pode fabricar por demanda, há uma solução de meio-termo: construir itens para estoque quase completos, faltando apenas os detalhes de acabamento, que serão acrescentados à medida que chegam os pedidos. A Benetton popularizou essa estratégia no setor de vestuário. Ela fabrica suéteres, por exemplo, de material não tingido. Depois de conhecer as cores da estação, ela rapidamente tinge seu estoque semi-acabado e o despacha, reduzindo, portanto, o tempo entre a coleta de informações de mercado e o embarque de seus produtos, e diminuindo o risco de produzir itens de cores fora de moda.

Adote táticas de produção que limitem os riscos

Mesmo quando os agentes de decisão carecem de idéias sólidas, em geral é possível limitar o risco. Uma gravadora de CDs de música, por exemplo, só terá uma vaga idéia de quantas cópias serão pedidas durante o primeiro ano. Cada CD experimenta nível diferente de demanda do cliente. Os pedidos pré-lançamento de lojas de música são uma indicação da demanda, mas não são confiáveis. Todavia, alguém deve decidir por uma produção inicial.

Uma forma prática de limitar o risco é fabricar cópias suficientes para atender às vendas pré-lançamento *mais* seis a oito mil cópias extras, e depois estar preparado para refazer o estoque rapidamente se as vendas decolarem. Essa estratégia reduzirá dois riscos: o de produzir CDs demais (e terminar com um estoque sem valor) e o de produzir de menos (e perder vendas porque o estoque está esgotado).

Muitas outras decisões dão oportunidades semelhantes de reduzir o risco. Considere uma das áreas mais infestadas por problemas na tomada de decisão: a contratação. Uma decisão de contratação ruim pode custar uma fortuna a uma empresa — US$140 milhões, no caso da malfadada contratação de Michael Ovitz pela Disney. Mesmo um gerente de nível médio e de desempenho fraco pode custar ao empregador US$1 milhão ou mais em indenização, recrutamento e erros administrativos. Devido ao fato de só podermos conhecer o verdadeiro valor de um novo funcionário depois que ele está na folha de pagamento e no exercício de suas funções, muitos empregadores têm um período de experiência oficial de dois a quatro meses, durante o qual o desempenho do novo funcionário é monitorado regularmente. Ele pode ser dispensado depois desse período sem as análises, os esforços de remediação e os custos de demissão normalmente concedidos a funcionários de permanência mais longa.

Outras empresas tomaram uma medida a mais para reduzir o risco: elas terceirizam vagas para ocupar cargos temporários. Se o temporário demonstra um bom desempenho, a empresa o efetiva no cargo.

Tome decisões por etapas

Os investidores de risco assumem riscos substanciais quando financiam empresas novas e empreendedoras. Poucas empresas de investimento, na verdade, são feitas com tão poucas informações sólidas. Em muitos casos, as únicas informações que os investidores têm para trabalhar são um plano de negócios e a reputação do fundador e da equipe gerencial da empresa iniciante.

Nessas situações, o nível de incerteza é muito alto. E no entanto, empresas emergentes precisam de vários milhões de dólares em caixa para decolar. Como os financiadores limitam os riscos? Em muitos casos, eles fazem suas contribuições em caixa por meio de uma série de decisões por etapas. Cada decisão na seqüência é tratada como um experimento, uma prática que produz aprendizado que alimenta a decisão seguinte (ver Figura 7.2). Por exemplo, se a nova empresa precisa de US$1 milhão em capital de risco, um investidor pode fazer um aporte inicial de US$200.000 e depois estabelecer uma série de marcos que devem ser alcançados em certo intervalo de tempo. Em determinado momento, o progresso e as circunstâncias correntes da empresa são reavaliados e é tomada outra decisão entre prosseguir ou não prosseguir, envolvendo outro marco e outra infusão de capital.

Essa abordagem de decisão por etapas deve ser conhecida de qualquer um no desenvolvimento de novos produtos, em que o *sistema estágios-pontos de decisão* (*stage-gate*) de recompensa e financiamento é utilizado por muitas empresas. Esse sistema foi desenvolvido por Robert Cooper no final da década de 1980.[2] Trata-se de uma série alternada de estágios de desenvolvimento e pontos de decisão que tem como objetivo a eliminação prévia de idéias fracas e a aceleração do tempo de lançamento para vencedores em potencial. Esses estágios e pontos de decisão controlam os eventos da idéia inicial à comercialização.

FIGURA 7.2
Abordagem de decisão por estágios

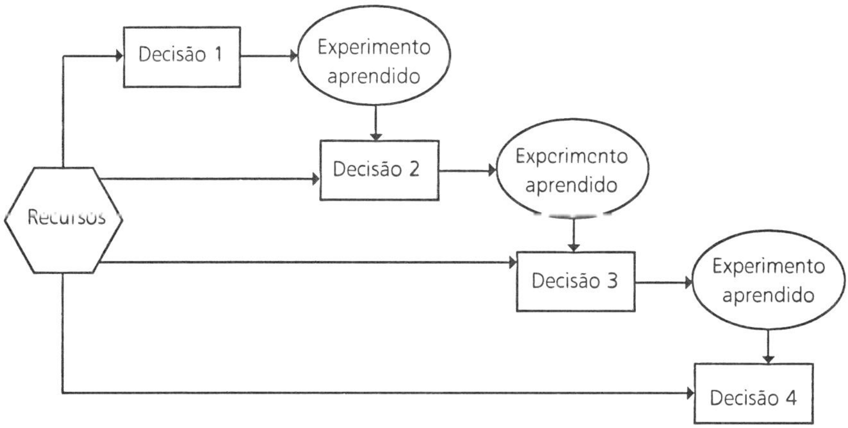

A Figura 7.3 é uma representação geral desse sistema. Veja como ele funciona na prática:

- **Estágios.** São fases do processo em que é feito o trabalho de desenvolvimento. Por exemplo, um sistema teria estágios para desenvolvimento de uma proposta inicial, especificações técnicas, protótipo e assim por diante. A comercialização é a última etapa.
- **Pontos de decisões.** São pontos de avaliação de decisão nos quais as pessoas com a *expertise* e a autoridade para alocar recursos determinam se o projeto deve ser abandonado, retroagir para mais desenvolvimento ou progredir para a etapa seguinte de desenvolvimento. Os pontos de decisão podem ser usados em vários momentos para determinar a adequação estratégica: se o projeto passa por obstáculos técnicos e financeiros, se está pronto para ser testado ou lançado, e assim por diante.

As duas abordagens por etapa apresentadas provaram seu valor na limitação dos riscos envolvidos em importantes decisões tomadas sob a incerteza. Nas duas abordagens, o método é prático e simples: dê pequenos passos, avalie sua posição e reúna informações adicionais antes de dar o passo seguinte.

FIGURA 7.3
Um sistema estágios-pontos de decisão

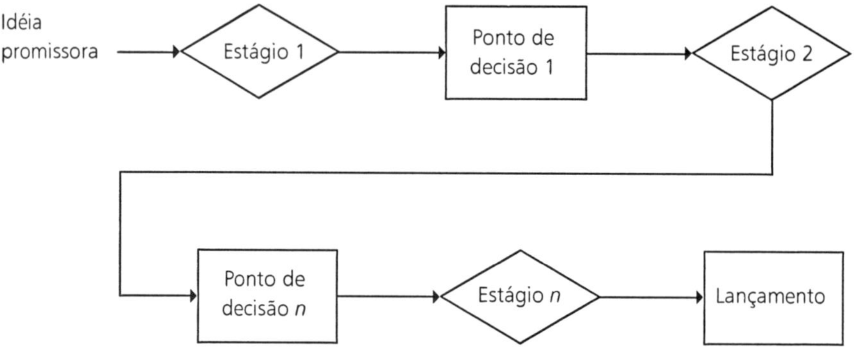

Esteja preparado para o pior

O agente de decisão sensato reconhece a incerteza e toma medidas para reduzi-la no que for possível e prático. Mas esse agente de decisão também se prepara para o pior. A preparação para um resultado ruim começa com a elaboração de uma lista de eventos específicos que podem dar errado em uma decisão. Cada item da lista deve suscitar a pergunta: "Como reagiremos se isso acontecer?" A resposta deve assumir a forma de um plano de contingência que almeje limitar os danos e, assim se espera, ajudar a empresa a se recuperar do resultado ruim.

O *site* da série Harvard Business Essentials tem uma lista de verificação que você e seus colegas podem usar no *brainstorming* da lista "As dez piores coisas que podem acontecer". Você pode encontrar uma cópia no Apêndice A deste livro, ou, se quiser baixar da internet sem encargos, visite o *site* da série:

www.elearning.hbsp.org/businesstools. E, enquanto estiver lá, sirva-se de outras ferramentas que o ajudarão em seu trabalho.

É provável que você tenha muitas oportunidades de reduzir as principais incertezas (riscos) envolvidas em suas decisões. Reserve um minuto para pensar nas decisões mais recentes que você tomou. Quais foram as principais incertezas — aquelas que mais o atingiram? Você teve oportunidades práticas de reduzir essas incertezas, procurando mais informações ou quaisquer dos outros meios que acabamos de descrever? Se você deixou passar essas oportunidades, certifique-se de considerá-las da próxima vez que tomar uma decisão importante.

Quando confiar em seus instintos

Já se viu tomando decisões baseadas na intuição, talvez devido à urgência em decidir, antes mesmo que as informações relevantes pudessem ser reunidas e analisadas? Ou já se viu dizendo: "Tudo parece muito bem, mas tenho um mau pressentimento com relação à decisão que estamos prestes a tomar. Talvez devêssemos adiá-la." Em caso afirmativo, você está em boa companhia. A pesquisa indica que 45% dos executivos confiam em sua intuição, e não nas informações, ao administrar suas empresas. E alguns têm sido extremamente bem-sucedidos. Considere estes exemplos:

- Um dos fundadores da Sun Microsystems viu uma demonstração prévia de uma ferramenta de busca desenvolvida por dois alunos de pós-graduação. Ele investiu US$100.000 no que se transformaria no Google.
- Michael Eisner ouviu falar de um novo programa de TV com o nome improvável de *Who Wants to Be a Millionaire?*. Percebeu que seria um vencedor, e ele se comprometeu a financiá-lo.
- No final da Segunda Guerra Mundial, em 1945, o preço de muitas ações na Bolsa de Valores de Nova York ainda estava muito abaixo dos picos de 1929.

E seu futuro não parecia particularmente promissor. E no entanto John Templeton pegou algum dinheiro emprestado e comprou um punhado de ações de cada empresa negociada na bolsa. Esse investimento deu um lucro enorme nos anos que se seguiram.

- Décadas depois, o financista George Soros ganhou uma fortuna ao seguir seu pressentimento de que os mercados estavam se aproximando de uma mudança importante.

A *intuição*, o processo mental de avaliar situações e formar conclusões sem a intervenção de informações factuais ou análise parece se tornar mais importante à medida que uma pessoa lida com decisões complexas, em que as incertezas e ambigüidades são maiores. Como disse Alden M. Hayashi aos leitores da *Harvard Business Review* em 2001, "O consenso é que, quanto mais alto as pessoas sobem no mundo corporativo, mais vão precisar de instintos bem afiados nos negócios. Em outras palavras, a intuição é um dos fatores decisivos que distinguem os homens dos meninos".[3] De acordo com Hayashi, os executivos que ele entrevistou sobre o assunto usam de formas variadas as expressões "julgamento profissional", "intuição", "instintos", "voz interior" e "pressentimento" ao se referir a essa ferramenta de tomada de decisão, que ele admite ser mais adequada para decisões que envolvam estratégia, recursos humanos e desenvolvimento de produtos do que para outras atividades, como produção e finanças.

O que chamamos de intuição se baseia em lembranças, reconhecimento de padrões, experiência acumulada, condicionamento e vieses pessoais duradouros. Até que ponto devemos confiar nela? Certamente sabemos dos sucessos de decisões baseadas em intuições, como as quatro citadas anteriormente. Elas resultaram em histórias ótimas e memoráveis. Até a sorte tem sua importância no sucesso (ver "Pegando o *Zeitgeist* em Hollywood"). Mas ouvimos falar muito menos dos fracassos, porque seus perpetradores não gostam de relembrá-los. Na verdade, nenhum especialista no campo da tomada de decisão recomenda atitudes puramente intuitivas. A intuição também está sujeita aos nossos preceitos e a nossa tendência a ver analogias onde elas não existem. Como afirmou o escritor Eric Bonabeau, "Quem quer que pense que a intuição é um substituto para a razão está incorrendo em uma ilusão arriscada. Sem a análise rigorosa, a intuição é um guia inconstante e nada confiável — ela pode levar tanto ao desastre quanto ao sucesso".[4]

Bonabeau, Hayashi e outros que estudaram essa questão concordam em que a intuição pode ser útil, mas desde que funcione em conjunto com a análise racional. Em outras palavras, o lado direito do cérebro, que abriga nosso poder intuitivo, deve colaborar com o lado esquerdo, a fonte do poder lógico e analítico. Kim Wallace, presidente do conselho da Wallace and Washburn, uma empresa de pesquisa de mercado e consultoria sediada em Boston, descobriu isso sozinho muitos anos atrás. "A chave para tomar uma decisão", disse-nos Wallace no início de 2005, "é adiar a decisão até que tenha lógica *e* pareça correta. Os dois lados do cérebro devem concordar. Se não concordam, adie a decisão. Consiga mais informações de outras fontes até que por fim a lógica e a percepção intuitiva se alinhem. Isso parece muito simples, e de fato é. Mas nunca tomei uma decisão ruim usando esse processo."[5]

A incerteza é a companheira constante dos agentes de decisão e uma fonte de risco para os negócios. Você nunca a eliminará, mas pode entendê-la e tomar medidas para reduzi-la. Mas a incerteza não é o único desafio que você enfren ta. Também existem fatores humanos a levar em consideração, como discutiremos no Capítulo 8.

Pegando o Zeitgeist em Hollywood

Os agentes de decisão devem confiar em seus instintos até certo ponto, e ainda mais no negócio do cinema. Os executivos do cinema lidam com públicos exigentes, estrelas temperamentais, produtores perdulários e custos de produção multimilionários. Saber como o público reagirá a um roteiro é conjectura — ou, devemos dizer, uma conjectura fundamentada.

Sherry Lansing, presidente da Paramount Pictures Group, produziu muitos sucessos de bilheteria de Hollywood, inclusive *Coração valente*,

Forrest Gump e *Titanic*, um dos filmes de maior bilheteria da história. Com milhões em jogo e um alto nível de incerteza, qual é sua abordagem à tomada de decisões? Como descreve Lansing em uma entrevista ao *Time*, em outubro de 2004, ela combina informações, intuição e avaliação criteriosa sobre as pessoas que vão chefiar o projeto. "Leio toda a pesquisa de mercado e a uso como ferramenta", disse ela. "Mas cinema é uma forma de arte. É preciso olhar nos olhos de um cineasta e de um executivo e ver sua paixão." Ela também espera pela sorte. "A sorte é necessária em quase todos os negócios, mas ainda mais neste, em que é preciso pegar o *zeitgeist*, e o *zeitgeist* muda com muita rapidez."*

*Jeffrey Ressner, "The Art of Betting US$100", *Time*, 4 de outubro de 2004, 62-63.

Resumo

- Quando uma decisão envolve alto nível de incerteza, experimente esta abordagem em três passos: (1) identificar as áreas de incerteza; (2) determinar quais incertezas podem ter mais impacto sobre o resultado de sua decisão, e; (3) manter as principais incertezas proporcionais ao seu tempo e aos seus recursos.
- À medida que reunir estimativas de resultados futuros e incertos, evite as estimativas pontuais. Estas costumam estar erradas. Em vez disso, tente estimar uma faixa de prováveis resultados.
- Ao estimar a probabilidade de determinado resultado, não dependa unicamente de seu próprio julgamento. Reúna as opiniões das pessoas mais experientes e conhecedoras do assunto.
- Estreitar os hiatos de tempo, fabricar por encomenda, adotar táticas de limitação de risco e tomar decisões por etapas são quatro maneiras de gerenciar os riscos nas decisões.

- A intuição é o processo mental de avaliar situações e formar conclusões sem a intervenção de informação factual ou análise.
- A intuição pode ser útil quando trabalha conjuntamente com a análise racional.

8

Falhas humanas

Como contra-atacar tendências que podem atrapalhar sua decisão

Principais tópicos abordados neste capítulo

- *Como evitar a armadilha da ancoragem*
- *Como evitar que o excesso de confiança o leve a tomar uma decisão ruim*
- *Por que os custos irrecuperáveis não devem afetar decisões sobre o futuro*
- *Como evitar a tendência de confirmar evidências*
- *Como evitar fazer uma falsa analogia*

NA ANTIGA SÉRIE DE televisão *Jornada nas estrelas*, Spock, o vulcano super-racional e sem emoções, sempre se confundia com o comportamento de seus companheiros humanos. Para Spock, o capitão Kirk e os outros membros da tripulação pareciam ser regidos por seus sentimentos. Em vez de tomar decisões perfeitamente lógicas — como faria um vulcano, semelhante a um robô —, os seres humanos a bordo da *Enterprise*, em geral, eram regidos por medo, raiva, autopiedade, orgulho, autoilusão, ambição e excesso de confiança. Spock deve ter se perguntado como a raça humana conseguia sobreviver.

Os capítulos anteriores apresentaram um processo lógico e racional para tomar decisões. Spock certamente o recomendaria. Esse processo, porém, nada mais é do que uma ferramenta nas mãos de pessoas suscetíveis a falhas e emoções. Assim como um automóvel é uma máquina utilitária, sua utilidade é solapada quando a pessoa ao volante é negligente, agressiva ou desatenciosa. Da mesma forma, a utilidade de nosso processo de decisão pode ser subvertida pelo indivíduo ou grupo que o utiliza.

Este capítulo descreve várias armadilhas de decisão: os comportamentos humanos que se podem colocar entre você e uma decisão eficaz. A lista não é completa, mas relaciona as principais questões. Observe-as da próxima vez que enfrentar uma decisão.

Ancoragem e ajuste

Os especialistas em negociação usam o termo *ancoragem* para definir a tática que procura estabelecer uma posição inicial em torno da qual acontecerão as negociações. Sob as circunstâncias certas, a primeira pessoa a colocar as cartas na mesa cria uma âncora psicológica em torno da qual irão girar a discussão e as contrapropostas.

Por exemplo, suponha que você coloque sua casa à venda por US$500.000. A maioria dos compradores interessados responderá a esse preço. "Vamos oferecer US$475.000", diz um deles. Outro diz: "Vou oferecer US$470.000 se o vendedor consertar o vazamento de água no porão." Os estudos mostraram que o resultado das negociações, em geral, têm uma correlação com a âncora inicial.

No livro *Smart Choices*, John Hammond III, Ralph Keeney e Howard Raiffa descrevem duas questões que usaram para estudar o que chamam de armadilha da ancoragem. Responda a elas para si mesmo:

1. A população da Turquia é maior do que 35 milhões?

2. Qual é sua melhor estimativa da população da Turquia?

Como você respondeu a essas perguntas? Sua resposta à pergunta 2 foi influenciada pela estimativa apresentada na pergunta 1? Os autores descobriram que a primeira pergunta âncora é a resposta da segunda. "Ao longo dos anos", escrevem eles, "fizemos essas perguntas a muitos grupos de pessoas. Em metade dos casos, usamos 35 milhões na primeira pergunta; na outra metade, usamos 100 milhões. Infalivelmente, as respostas à segunda pergunta aumentam em muitos milhões quando o número maior é usado na primeira pergunta".[1]

A ancoragem também se insinua na tomada de decisão, às vezes deliberadamente. Um defensor de determinado rumo, por exemplo, submete uma previsão de vendas favorável a sua proposta:

Observando os três primeiros anos de vida deste novo produto no mercado, previmos as seguintes receitas líquidas anuais:

2007: US$2,4 milhões

2008: US$3,5 milhões

2009: US$4,9 milhões

Se os membros da equipe de decisão perceberem o que o colega está fazendo nessa manobra, rapidamente desprezarão esses números de receita antes que eles ancorem a decisão:

É prematuro prever vendas a essa altura. Primeiro vamos falar do mercado-alvo e da concorrência.

Membros de equipe menos astutos podem aceitar sem perceber. Por exemplo, quando nos pedem para desenvolver um orçamento de custo de departamento, nosso ponto de partida quase sempre é o orçamento do ano anterior. É um ponto de ancoragem conveniente. E pode ser uma base válida para os ajustes que serão feitos; em especial se o departamento tiver mantido o número de pessoal e a função. Caso contrário, pode representar uma armadilha da ancoragem.

Um antídoto para a ancoragem e o ajuste

Deliberadamente ou não, a ancoragem pode levar a uma decisão ruim. Aqui estão algumas medidas que você pode tomar para evitar a armadilha da ancoragem:

- Reconheça-a quando a vir. Lembre-se de que algumas pessoas tentam manipular o raciocínio de outras usando um conjunto inicial de números.
- Imunize-se contra uma âncora. Faça seu dever de casa sobre a questão e forme suas próprias idéias *antes* que algum número seja apresentado. Isso o deixará menos suscetível à âncora de outra pessoa.

- Identifique os pressupostos subjacentes a qualquer âncora e os desafie. Se alguém lançar um número, aborde-o como uma hipótese. "Como você chegou a essa estimativa?" é uma pergunta justa a ser feita. "Quais foram os pressupostos em seu cálculo?" Faça com que a pessoa argumente de forma lógica em favor da posição que assumiu.

- Não lance âncoras quando procurar pontos de vista independentes. Os pontos de vista independentes agregam força ao processo de tomada de decisão; portanto, quando falar aos colegas e consultores, evite fazer declarações como: "Acho que este produto pode vender entre 10 e 20 mil unidades a cada ano no mercado de homens adultos. O que você acha?" Em vez disso, fique calado e deixe que os outros apresentem suas próprias idéias.

Excesso de confiança

O excesso de confiança na capacidade de alguém para prever o futuro, avaliar riscos, controlar eventos e prever as ações dos outros é uma das maiores e mais comuns falhas na tomada de decisão. Como disseram Dan Lovallo e Daniel Kahneman aos leitores da *Harvard Business Review*, os líderes de empresa inconscientemente exageram suas capacidades pessoais e habilidades gerenciais. Sua autoconfiança os estimula a pressuporem que serão capazes de controlar os resultados de situações difíceis. Conseqüentemente, eles podem tomar decisões "baseadas no otimismo excessivo em vez de em uma reflexão racional de ganhos, perdas e probabilidades. Eles superestimam os benefícios e subestimam os custos (...). Como conseqüência, os gerentes procuram iniciativas incompatíveis com o orçamento ou o prazo — ou de retorno improvável".[2]

Vincent Barabba observou isso quando passou a trabalhar na General Motors em 1988. À medida que ele e os colegas tentavam reformar o processo de decisões da gigante automotiva, ele deparava com o otimismo das previsões de vendas e de custo, já que poucas eram fundamentadas em uma análise rigorosa.[3]

Essa tendência dos executivos ao excesso de confiança e ao otimismo pode explicar por que, apesar do conhecido fato de as fusões e aquisições não produzirem os resultados desejados em quase 75% das vezes, milhares de empresas tomam o caminho da M&A a cada ano. Isso também explica por que, apesar do histórico deplorável de lançamentos de novos produtos, os gerentes expressam confiança nos muitos produtos novos que lançam a cada ano.

O excesso de confiança nos leva a crer que tudo ficará como desejamos e nos faz negligenciar os sinais de alerta de problemas iminentes, como na seguinte história:

Nos primeiros meses de 1942, os comandantes da Marinha japonesa estavam animados. Como disse um historiador, eles estavam nadando em autobajulação. E por que não? Seu ataque à base americana em Pearl Harbor superara todas as expectativas. O mesmo aconteceu nas ações em terra e mar nas Filipinas e na Indochina.

Transbordando autoconfiança, eles começaram a planejar seus movimentos estratégicos seguintes: estabelecer uma base nas ilhas Aleutas, tomar a ilha Midway e atrair o que restava da Marinha americana em uma emboscada em alto-mar. Como parte de seu planejamento, os comandantes da frota e seus subordinados diretos realizaram simulações à mesa. Um participante, o comandante da Aeronáutica Mitsuo Fuchida, mais tarde descreveu os resultados infalíveis daquelas simulações, mas também a tendência do oficial no comando a dobrar as regras quando as coisas iam mal para o lado dele. "Na simulação nosso porta-aviões sofreu um ataque a bomba de aviões inimigos, enquanto nossos próprios aviões estavam fora, atacando Midway", escreveu Fuchida. "De acordo com as regras [com que os dados foram lançados] para determinar os resultados dos bombardeios, houve nove ataques inimigos a porta-aviões japoneses. O Akagi *e o* Kaga *foram dados como afundados. O almirante Ugaki, porém, reduziu arbitrariamente o número de ataques inimigos para três; como conseqüência, o* Kaga *ainda seria afundado, mas o* Akagi *só sofreria danos leves... Mesmo essa decisão foi novamente revisada e cancelada, e o* Kaga *reapareceu."*[4]

Cinco semanas depois, os eventos simulados se desenrolaram na fatídica Batalha de Midway. Na confusão de acontecimentos do dia, um dos desenvolvimen-

tos críticos da simulação realmente ocorreu: os quatro porta-aviões da força-tarefa japonesa foram atacados pelo inimigo enquanto seus aviões voltavam da ação em Midway ou eram reabastecidos no convés. Cada um deles foi repetidamente atacado, como previa a simulação. Mas dessa vez não havia oficial no comando para subverter os resultados. O Akagi, *o* Kaga *e outros dois porta-aviões foram abatidos juntamente com seus aviões e as tripulações.*

O mesmo tipo de excesso de confiança afeta os planejadores de negócios e os agentes de decisão. Bastava ler um relatório de pesquisa de ações no auge do *boom* pontocom para reconhecer como a avaliação dos analistas de investimentos, normalmente escrupulosos e racionais, foi prejudicada pelo excesso de confiança e pela loucura geral. Analistas "estelares" que recomendaram a compra de ações do eBay, Amazon.com, Priceline.com e dezenas de outras empresas com uma alta vertiginosa pareciam ter o toque de Midas.

O erro deles, como compreendemos hoje, foi confundir um mercado de ações em alta com suas próprias previsões brilhantes. Eles incorriam nesse erro enquanto os preços das ações perdiam todo o contato com o valor real. Embora os métodos de avaliação tradicionais gritassem: "Estas ações têm um preço superestimado!", os analistas, animados, simplesmente forjaram novos padrões de valor, como "valor de mercado por cliente" e "valor de mercado por visitante de página na web" para explicar por que os títulos representavam um bom valor — e ainda tinham muito o que subir. Como disseram os analistas de ações a seus críticos na época, o mundo tinha mudado; as antigas medidas de valor das ações não eram mais válidas.

Você pode lembrar como esses gurus das ações foram humilhados no grande tombo do mercado que começou em janeiro de 2000. Histórias parecidas podem ser encontradas nos anais de M&A. Um exemplo é o lance de US$2 bilhões que a Quaker Oats Company deu para adquirir a linha de bebidas da Snapple, que, dois anos depois, foi reduzida a US$300 milhões. O excesso de confiança da equipe executiva em sua capacidade de expandir as vendas da Snapple estava no cerne desse fracasso dispendioso.

Embora em geral festejemos a confiança e o otimismo como virtudes de negócios e como qualidades sem as quais não podemos liderar nem gerenciar, existem evidências substanciais de que a confiança e o otimismo nem sempre são justificados pelos fatos. Em seu premiado livro *The Psychology of Judgement and Decision Making*, Scott Plous descreve um teste feito com 3.500 pessoas, que foram solicitadas a (1) responder a algumas perguntas e a (2) indicar seu nível de confiança em cada resposta. De acordo com Plous, "o nível de confiança das pessoas praticamente não tinha relação com sua precisão (a correlação média entre confiança e precisão para cada participante foi de apenas [0,08], muito perto de zero). Do total, as pessoas que conseguiram nove ou dez itens corretos não eram mais confiantes do que os participantes de menos sucesso, e os participantes com alto nível de confiança tiveram pontuação mais ou menos igual à dos participantes menos confiantes".[5] Isso é apenas um teste. Plous conclui que, na maioria dos estudos, "os níveis médios de confiança não superam a precisão em mais de 10 a 12%".[6] Assim, um nível de confiança normal pode não levar um agente de decisão a se desviar muito do curso. Mas o alarme deve disparar quando sua confiança é excessiva ou baseada no sucesso passado.

Instale um amortecedor no excesso de confiança

Uma confiança insustentável está se aposssando de seu planejamento e da tomada de decisão? Aqui estão algumas sugestões para mantê-la sob controle:

- Procure exemplos de extrema confiança. É neles que está o maior perigo. Quando encontrar um desses exemplos, peça uma trégua. Procure pessoas que tenham um grande senso de ceticismo e peça-lhes para examinarem a situação.
- Converse com o agente de decisão muito autoconfiante. Peça a ele para explicar o que o deixa seguro e depois examine cada pressuposto, crença ou evidência.
- Peça ao agente de decisão que tem excesso de confiança para mudar de papel e agir como defensor do ponto de vista contrário.

Aplique a previsão de classe de referência

Um dos sintomas mais comuns do excesso indevido de confiança e de otimismo pode ser encontrado nas previsões feitas pelos agentes de decisão. Os gerentes otimistas às vezes se apaixonam por projetos e tendem a acreditar que eles desfrutarão muito mais sucesso do que projetos semelhantes do passado. Considere este exemplo:

> *Uma casa editorial tem um grupo de editores de aquisição inexperiente. Antes que pudessem propor contrato a um possível autor, eles foram solicitados a repassar os números — isto é, a estimar a lucratividade do livro a ser considerado. O ponto de partida foi prever as vendas por unidade do título no primeiro ano no varejo e nos canais de venda. Mais do que qualquer outro fator — custos de fabricação e semelhantes —, as vendas por unidade eram o mais incerto e o mais crítico para a lucratividade. Todavia, uma previsão tinha de ser feita.*
>
> *O diretor financeiro, que recentemente chegara à empresa vindo de um setor diferente, não tinha como saber se as previsões dos editores eram razoáveis. Assim, ele fez uma pequena checagem. Analisou as vendas do primeiro ano de livros anteriormente publicados em áreas-chave de tema; depois, comparou os resultados atuais com as previsões feitas para aqueles mesmos livros. Essa verificação lhe proporcionou uma descoberta surpreendente: cerca de 84% das publicações anteriores nunca chegaram perto de suas previsões para o primeiro ano. Entre os livros sobre finanças, por exemplo, ele descobriu que os editores rotineiramente previam uma média de vendas de 7 mil unidades para o primeiro ano. Na realidade, a média para os livros dessa categoria era de apenas 4.500 unidades.*

Os editores indevidamente otimistas nesse exemplo atribuíam a *cada* um de seus projetos a média citada. Esse tipo de comportamento não é incomum. Os escritores Dan Lovallo e Daniel Kahneman sugeriram um método para contra-atacar o problema: a *previsão de classe de referência*. Esse método requer que se faça o seguinte:

1. Identifique uma classe de referência de projetos análogos do passado cujos resultados são conhecidos.

2. Determine a distribuição de resultados para esses projetos em caso de instabilidade contínua.
3. Coloque o projeto a ser considerado em um ponto adequado ao longo desta distribuição.[7]

O resultado, em geral, é uma previsão mais realista, porque você descobrirá se está prevendo um resultado certeiro.

Em nosso exemplo, um editor que quisesse usar previsão de classe de referência para fazer uma estimativa razoável de vendas por unidade, no primeiro ano, para um novo livro sobre, digamos, gestão de recursos humanos, faria o que se segue. Primeiramente, identificaria uma classe de referência de projetos análogos do passado — no caso, livros publicados antes sobre gestão de RH. Depois determinaria a distribuição de resultados para aqueles livros, consultando as informações de vendas.

Escolher uma classe de referência é importante e deve ser feito com cuidado. Digamos que a empresa tenha publicado seis livros de gestão de RH nos últimos anos. Suas vendas por unidade no primeiro ano, classificadas por quantidade de livros vendidos, ocorreu da seguinte forma:

A. 3.800

B. 4.650

C. 6.100

D. 6.950

E. 8.200

F. 8.800

Nesta faixa, 3.800 está na extremidade inferior e 8.800, na superior. A média de vendas por unidade no primeiro ano para essa classe de referência é de 6.417, e a distribuição em torno da média é normal — isto é, não existem muitas vendas na extremidade inferior nem na extremidade superior.

Por fim, o editor tentaria colocar o livro de RH que espera publicar em um ponto adequado dentro dessa distribuição. Uma forma de fazer isso seria simplesmente usar como estimativa o valor médio para a classe de referência — 6.417. Uma abordagem mais cuidadosa seria fazer ajustes com base nas particularidades do novo livro. Por exemplo, o editor pode dizer: "Bem, este novo livro é meio parecido com o livro D; tem como alvo o mesmo mercado de leitores e trata de um tema complementar". Depois ele consideraria outros fatores ao ajustar sua previsão mais acima ou mais abaixo do livro D. "Acho que podemos esperar mais vendas desse novo livro porque o autor é muito mais conhecido do que o autor do livro D, e sua empresa de consultoria está planejando contratar um publicitário e outros profissionais de marketing. Assim, vou estimar 8.000 exemplares para o primeiro ano de impressão."

Obviamente, ainda há algum espaço para um viés otimista, e assim os outros podem contestar os motivos do editor para dar a seu novo livro uma previsão de vendas acima da média. Como você deve ter observado, há uma mistura de arte e ciência nesse método de previsão de classe de referência. Ele é imperfeito, mas ainda é uma forma eficaz de lidar com a incerteza e o risco de depender do otimismo natural de algumas pessoas.

Custos irrecuperáveis

Na linguagem da economia, *custos irrecuperáveis* (*sunk costs*) são investimentos de tempo ou dinheiro que não podem ser reavidos. Os custos irrecuperáveis tratam do passado, mas as pessoas às vezes cometem o erro de permitir que custos irrecuperáveis influenciem decisões sobre o futuro. Pense neste exemplo:

> *Phil pagara US$50 por um ingresso para um show de sua banda preferida. Duas horas antes do show, seu chefe telefona para dizer que a reuniao do conselho diretor terminara há pouco e que eles sairiam para jantar. "Gostaria que viesse conosco", diz o chefe. "É uma ótima oportunidade para você conhecer os membros do conselho e vice-versa."*

"Puxa", pensa Phil. "Um contato direto com o conselho. Isso pode ajudar mesmo a minha carreira." Mas, sendo ingênuo, ele rejeitou o convite, porque já investira US$50 em um ingresso para o show. O raciocínio dele?: "Eu ia odiar desperdiçar esse dinheiro."

Nesse exemplo, os US$50 sairiam pela janela, quer Phil usasse o ingresso, quer não. Ele permitiu que esse custo irrecuperável ditasse outra decisão que claramente tinha potencial de recompensa maior.

Os agentes de decisão cometem esse erro com freqüência — às vezes porque não reconhecem que o custo irrecuperável não pode ser recuperado, mas com mais freqüência porque é particularmente doloroso assumir a perda e seguir em frente. Por quê? Porque seguir em frente refletiria mal na decisão inicial. É por isso que o executivo que defendeu o plano de marketing fracassado de sua empresa continua a defendê-lo quando a necessidade de mudança é evidente para todos. "Precisamos dar mais tempo à estratégia", argumenta o executivo.

A falha do custo irrecuperável também explica por que muitos gerentes demoram a enfrentar as más decisões de contratação. Eles contrataram alguém e investiram em seu treinamento, mas claramente o funcionário não está se saindo bem no cargo, apesar dos aconselhamentos e do treinamento. Em vez de encarar o erro cometido na decisão da contratação, os gerentes em geral tomam outra decisão ruim: investir ainda mais tempo em treinamento, na esperança de uma reviravolta.

Dois executivos entrevistados para este livro apontaram as decisões de contratação ruins como as mais difíceis de retificar. "A decisão mais difícil para mim é quando tenho que desistir de uma pessoa e me livrar dela", disse um. "Eu sempre espero demais para fazer isso." "Em geral, penso que a decisão mais desafiadora a tomar é saber quando desistir", disse outro. "Por aqui, sempre demoramos muito. Sempre esperamos que as coisas melhorem."

Neutralizando o viés do custo irrecuperável

Sua empresa tem um problema de custo irrecuperável? Como para muitos vieses de decisão, o melhor antídoto para ele é expô-lo. Não permita que ele fique pairando ao fundo. Eis como:

- Ajude as pessoas a reconhecerem os custos irrecuperáveis que estão influenciando suas decisões.
- Explique que todo mundo comete erros — contratar a pessoa errada, apoiar a estratégia errada, e assim por diante. Em geral, esses são perdoáveis. O que não é perdoável é permitir que um erro leve a outro.
- Se possível, não inclua em sua equipe de decisão pessoas que tendem a ter custos irrecuperáveis.

A predisposição à evidência de confirmação

Você já se flagrou procurando arduamente por evidências para apoiar seu ponto de vista, enquanto desprezava evidências em contrário? Se você respondeu que sim, console-se com o fato de que muita gente faz isso. É um comportamento muito natural.

Se você duvida, observe como as pessoas agem quando questões muito controversas são levadas a conselhos gerenciais. Por exemplo, uma gerente de marketing, ansiosa por buscar novos mercados, vai encontrar todas as informações que apóiem sua idéia, mas nenhum dos motivos para não seguir adiante. Às vezes essa tendência é deliberada. "Minha antiga chefe fazia isso o tempo todo", disse-nos um gerente que entrevistamos. "Ela sempre pensava que, mais do que qualquer outra pessoa, ela sabia o que era melhor para a empresa. E nos pedia para coletar provas favoráveis à opinião dela. Qualquer informação que entrasse em conflito com essa opinião ou a contradissesse era, na perspectiva dela, simplesmente errada e era descartada."

Hammond, Keeney e Raiffa chamam isso de *predisposição à evidência de confirmação*. Essa predisposição, dizem eles, "não só afeta nossa escolha do local para coletar evidências, mas também o modo como interpretamos as evidências que recebemos, levando-nos a valorizar demais informações favoráveis e de menos informações conflitantes".[8]

Seja imparcial

Como acontece com outras tendências, a melhor defesa contra a predisposição à evidência de confirmação é a autoconsciência. Procure se distanciar por um momento e pergunte se você está sendo honesto no modo como reúne e interpreta as informações. Se alguém de sua equipe de decisão for uma vítima dessa tendência — ou se a usar deliberadamente —, é sua tarefa representar a visão contrária. Por exemplo, se a gerente de marketing está defendendo a criação de novos mercados, descubra qualquer informação que possa ser usada e que seja contrária a essa criação.

Arregimente quem colete informações objetivas

Se você tiver pessoal para lidar com isso, peça a alguém competente e respeitado na equipe — alguém sem nenhum interesse pessoal na decisão — para coletar e apresentar todas as informações relevantes à equipe gerencial. Divida essas informações em favoráveis e desabonadoras.

Analogias falsas

A experiência é uma forma útil de aprendizado. Ficaríamos à deriva sem ela. Depois de termos escorregado e caído em uma ou duas calçadas cobertas de gelo, sabemos percorrê-las com cautela. A experiência também nos guia em nosso trabalho e em nossas decisões. Aprendemos a reconhecer padrões nas situações e a associá-los com resultados específicos — os bons e os ruins. Calçada com gelo. Queda. Dor.

Janice, uma gerente de linha de produtos, por duas vezes usou cupons de desconto para promover as vendas de misturas para bolo recém-lançadas nas lojas. Outros gerentes de produto rotineiramente usam esse truque promocional, e com bons resultados. Nos dois casos, Janice esperou que as vendas aumentassem 20%. Mas ela ficou decepcionada. As vendas aumentaram somente de 5 a 10%, o que mal deu para cobrir o custo da promoção. Essas duas experiências atenuaram o entusiasmo de Janice por esta tática de marketing e alteraram as expectativas que tinha de sua utilidade.

Carregamos esses padrões e resultados conosco e rotineiramente recorremos a eles quando encontramos situações novas e semelhantes. Quando duas coisas ou mais em uma nova situação combinam com o que vivemos no passado, podemos inferir que elas provavelmente vão combinar em outros aspectos. Na realidade, formamos uma *analogia* que norteia nosso raciocínio — e nossas decisões.

As analogias estão entre as ferramentas mentais que usamos para formar uma ponte entre o que vivemos no passado e as situações que enfrentamos no presente. Na verdade, elas fazem parte da intuição, ou instinto, de que muitos gerentes experientes dependem para se orientar em situações de incerteza. Usadas judiciosamente, as analogias podem ser úteis. Como afirmou certa vez o historiador Joseph Strayer: "Sempre haverá elementos familiares em uma nova situação que nos ajudarão a tomar decisões e avaliar que resultados essas decisões terão. Quanto mais ampla e profunda nossa experiência, maior a probabilidade de reconhecermos esses elementos familiares."[9]

Várias decisões importantes foram incitadas por analogias. Quando a Coréia do Norte, comunista, invadiu sua vizinha do Sul, em 1950, o presidente americano Harry S. Truman imediatamente viu uma analogia entre esse acontecimento e o que ele viveu quando jovem. "Em minha geração", escreveu ele, "essa não foi a primeira ocasião em que o forte atacou o fraco. Lembro-me de alguns exemplos do passado: Manchúria, Etiópia, Áustria. Lembro-me de como, a cada vez que as democracias não conseguiram agir, os agressores foram estimulados a prosseguir. O comunismo estava agindo na Coréia como Hitler, Mussolini e os japoneses (...) anos antes."[10]

Mas a não ser que sejamos cuidadosos, as analogias podem nos enganar e nos levar a decisões muito ruins e custosas. Em inúmeros aspectos, foi o que aconteceu ao falecido presidente do Estados Unidos Lyndon Johnson quando confrontado com o conflito no Vietnã. Como Truman, Johnson e seus conselheiros viveram lembranças de agressão totalitária nos episódios que levaram à Segunda Guerra Mundial. A agressão pelos norte-coreanos reforçava essas lembranças. Ao ver o conflito no Vietnã como outro exemplo da mesma coisa, e não como um movimento anticolonialista com forte apoio da população, Johnson criou uma falsa analogia e agiu de acordo com ela.

Os executivos são igualmente vulneráveis a analogias falsas. Considere nosso exemplo hipotético de Janice, a gerente de marketing:

Depois de anos como gerente de linha de produto de uma cadeia de supermercados, Janice tornou-se gerente de marketing de uma cadeia regional de loja de roupas. A equipe gerencial da cadeia é nova e inexperiente no uso de métodos promocionais, e no entanto está ansiosa para usar uma forma de promoção para gerar interesse em sua nova coleção de outono. A equipe naturalmente procura os conselhos de Janice.

"Eu estava pensando se um cupom de desconto nos jornais locais — digamos, US$10 de desconto em uma compra de US$100 — seria uma boa forma de conseguir que as pessoas entrem nas lojas nas duas primeiras semanas da temporada de moda de outono", disse Helen, a CEO.

Janice rememorou sua experiência decepcionante no lançamento da mistura para bolos. Parecia ser uma situação análoga: tentar gerar interesse nos clientes em um produto recém-lançado usando cupons de desconto. Na verdade, vestuário não é mistura para bolos, pensou ela, mas clientes são clientes e devem reagir da mesma maneira. "Não sou favorável a esse tipo de promoção", diz ela à CEO. "Minha experiência mostra que você vai gerar mais atividades de venda, mas perderá mais nos descontos."

Livre-se de analogias falsas

Claramente, nossa propensão a fazer analogias pode ajudar a guiar nossas decisões em situações de incerteza. Mas também pode nos enganar, como talvez tenha ocorrido com Janice. Assim, como fazer para nos livrarmos de falsas analogias?

O melhor conselho para extrair o máximo das analogias pode ser encontrado em *Thinking in Time: The Uses of History for Decision Makers*, de Richard Neustadt e Ernest May, então professores seniores da Kennedy School of Government, de Harvard.[11] Neustadt e May desenvolveram uma metodologia que esperam ajude os alunos da Kennedy School — a próxima geração de agentes de decisão do governo e das Forças Armadas — a se livrar das falsas analogias. Sua metodologia é baseada em cinco perguntas:

1. O que se sabe sobre a situação?
2. O que não está claro?
3. O que é pressuposto?
4. Quais são as semelhanças com acontecimentos passados?
5. Quais são as diferenças?

Cada uma dessas perguntas deve ser a base para a investigação e a reflexão. E cada uma delas deve ser respondida. Se você fizer isso, será menos provável que forme e seja vítima de uma analogia falsa.

Examinamos várias falhas humanas que se esgueiram no processo de tomada de decisão — e sempre para o pior. Já observou alguma delas nas decisões de sua empresa? Estar atento para essas falhas é o melhor antídoto.

Mas os vieses e ilusões pessoais não são as únicas ameaças às boas decisões. Também existem falhas organizacionais a considerar, que são o tema do Capítulo 9.

Resumo

- A ancoragem estabelece uma posição inicial em torno da qual as negociações e a discussão subseqüentes em geral acontecerão. Nas circunstâncias certas, a primeira pessoa a colocar as cartas na mesa estabelece um ponto de ancoragem psicológico.
- Os executivos costumam ter excesso de confiança em sua capacidade de antever o futuro, avaliar riscos, controlar eventos e prever as atitudes dos outros. Esse excesso de confiança os leva a cometerem erros nas decisões. Uma forma de contra-atacar o agente de decisão com excesso de confiança é fazer com que outra pessoa conteste sua posição e defenda opinião contrária.
- A previsão de classe de referência é outro antídoto para o excesso de confiança. Requer que os agentes de decisão posicionem metodicamente seus projetos em um contínuo de projetos semelhantes com resultados conhecidos.
- Os custos irrecuperáveis são investimentos passados de tempo ou dinheiro que não podem ser reavidos. Os agentes de decisão não devem permitir que os custos irrecuperáveis influenciem suas decisões quanto ao futuro.
- A predisposição à evidência de confirmação estimula os agentes de decisão a procurarem informações que confirmem suas crenças e a descontarem ou ignorarem evidências que não as confirmem.
- As analogias estão entre as ferramentas mentais que usamos para formar uma ponte entre o que vivemos e as situações que enfrentamos. Usadas judiciosamente, as analogias são úteis. Porém as analogias falsas podem nos levar a tomar decisões ruins.

9

Armadilhas organizacionais

A loucura — e a sabedoria — das massas

Principais tópicos abordados neste capítulo

- *O impacto de influências sociais nos agentes de decisão*
- *O pensamento grupal e como combatê-lo*
- *O problema de otimismo excessivo*
- *Quando os grupos tomam decisões melhor do que os indivíduos*

EM 1841, O ESCOCÊS CHARLES Mackay publicou *Ilusões populares e a loucura das massas*, um livro que continha uma série pouco divulgada de episódios históricos em que o autor descrevia como pessoas sóbrias sucumbiram à histeria de massa que as levou a perder todo o discernimento e o bom senso. As histórias de Mackay incluem as Cruzadas, a grande especulação de terras da Bolha do Mar do Sul, a "tulipomania" do século XVII (em que cidadãos holandeses aumentaram o preço dos bulbos de tulipa a níveis inacreditáveis), a perseguição às bruxas e outras. Em cada caso, difundiu-se o caráter contagiante do comportamento de grupo, carregando com ele as pessoas mais sensatas.

Mackay descreveu os piores exemplos de comportamento de grupo. As pessoas em geral são mais sensatas e judiciosas. Todavia, o que acontece nos negócios — inclusive na tomada de decisões — oscila com a influência do grupo. Este capítulo examina várias maneiras possíveis de as influências sociais e de grupo contaminarem um processo de decisão lógico, gerando resultados indesejáveis. E, como o Capítulo 8, oferece sugestões práticas para evitá-las.

Influências sociais

Sem sombra de dúvida, as pessoas de um grupo (de uma equipe de decisão, uma unidade de negócios, uma empresa) estão sujeitas à influência dos que as cercam, mesmo quando têm o poder de ignorá-los ao tomar uma decisão final. Segundo o psicólogo Scott Plous, "como as pessoas são de natureza social, suas avaliações e decisões estão sujeitas a influências sociais. Mesmo quando agem sozinhos, em geral os agentes de decisão modelam seu comportamento na expectativa de como serão avaliados pelos outros. Por conseqüência, qualquer relato abrangente de avaliação e tomada de decisão deve incluir os fatores sociais".[1]

Alguns agentes de decisão são influenciados pelo desejo de:

- agradar aos outros
- evitar o conflito
- acompanhar os outros
- ser visto como parte do grupo
- evitar a crítica que se segue a uma decisão impopular

Quanto você e seus colegas são suscetíveis a essas influências? Alguma delas está modelando suas decisões de negócios?

O poder da influência social sobre as decisões individuais foi demonstrado de forma atordoante em um experimento realizado em 1951 por Solomon Asch. Pioneiro na psicologia social, Asch arregimentou universitários para participarem do que parecia ser um experimento científico projetado para medir a percepção visual. O voluntário sentava-se a uma mesa com sete estranhos. Em seguida, uma pesquisadora colocava duas cartas parecidas com a da Figura 9.1 diante de cada participante. Então pedia que indicassem, um após o outro, qual das três linhas na carta da direita tinha o mesmo tamanho da linha da carta da esquerda. Esse processo era repetido várias vezes com cartas diferentes.

O que o voluntário não sabia era que os outros à mesa não eram voluntários, mas chamarizes — assistentes da pesquisadora —, e que cada um deles seguia um roteiro. De acordo com o projeto, o voluntário verdadeiro era o último a ouvir a pergunta "Que linha na carta 2 tem o mesmo tamanho da linha na carta 1?". Como último a responder, o voluntário tinha a oportunidade de considerar a resposta de todos os outros. Seria ele influenciado pelas respostas dos demais? Esta era a pergunta a qual o experimento de Asch queria responder.

FIGURA 9.1
As cartas de Asch

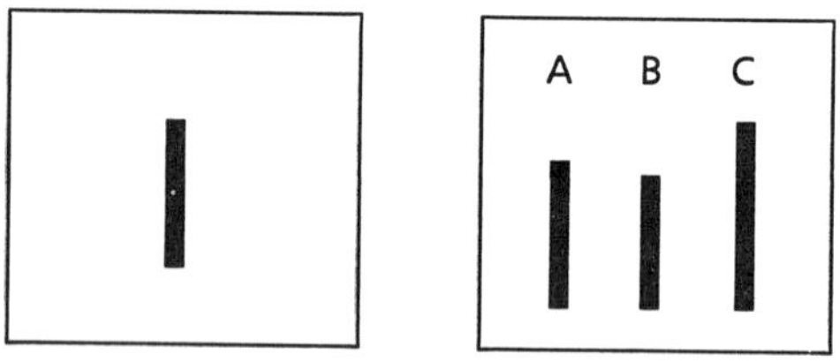

Carta 1 Carta 2

Durante várias rodadas do experimento, os chamarizes davam uma resposta unânime que não seria dada por ninguém com uma percepção normal. Eles diziam, por exemplo, que a linha B era igual à linha da carta 1. O voluntário depois ouvia a mesma pergunta.

Como você responderia, se todos os outros na sala já tivessem identificado B como a resposta correta? Você confiaria na evidência de seus próprios olhos, ou hesitaria diante da avaliação unânime do grupo?

Asch descobriu que 37 de seus 50 voluntários se renderam à opinião da maioria pelo menos uma vez, e 14 deles concordaram em mais de seis das 12 rodadas de teste. Quando diante de um voto errado mas unânime dos outros membros do grupo, o participante em média imitava a resposta do grupo em quatro das 12 rodadas.[2]

Asch repetiu o experimento em diferentes ambientes e com variações, o que gerou duas descobertas importantes:

- Se entrevistados depois, os participantes, em sua maioria, diziam que não acreditavam nas respostas que deram, mas acompanharam o grupo por medo de serem ridicularizados ou considerados "diferentes". Eles queriam que gostassem deles e queriam ser aceitos pelo grupo.

- Alguns participantes afirmaram realmente acreditar que as respostas dos chamarizes eram corretas.
- O número de participantes conformados caiu drasticamente quando tinham um "aliado" no grupo. Asch ocasionalmente fazia com que um dos chamarizes desse a resposta certa. Ter um aliado que fosse no grupo era estímulo suficiente para que a conformidade despencasse.

As implicações das descobertas de Asch para os agentes de decisões nos negócios são óbvias e perturbadoras. Sem querer ser consideradas sem sintonia com os colegas, algumas pessoas deixarão as próprias opiniões de lado e se alinharão com a maioria. Podemos especular que isso é duplamente verdadeiro quando há diferenças substanciais de poder entre as pessoas em uma equipe de tomada de decisão.

Essa tendência a se conformar tem dois efeitos negativos:

- O grupo é privado de uma visão divergente.
- A confiança do grupo em sua visão tende a aumentar.

Nenhum desses efeitos contribui para uma decisão sólida.

Redução da conformidade

Você pode reduzir os perigos da conformidade, alterando os processos de tomada de decisão do grupo. Uma sugestão é pedir a cada participante que escreva secretamente sua avaliação *antes* que as opiniões de outros participantes sejam conhecidas. Coloque um mediador agindo como receptor e guardião dessas opiniões por escrito.

Outra sugestão é insistir em que as pessoas de cargos mais elevados na equipe de decisão sejam as últimas a expressar o que pensam. Dessa maneira, os outros não ficarão intimidados e darão suas verdadeiras opiniões na reunião.

Pensamento grupal

Toda equipe de tomada de decisão é ameaçada por uma falha organizacional conhecida como *pensamento grupal* ou *groupthink*. E quanto mais coesa é a equipe, mais alto é o risco. O falecido Irving Janus, psicólogo de Yale que cunhou o termo, definiu pensamento grupal como uma forma de pensamento baseada em grupos coesos. Nestes grupos, o ardor pela unanimidade supera qualquer avaliação realista de ações alternativas.

O pensamento grupal é o resultado da convergência de pensamento em torno de uma norma e é um possível efeito colateral da forte identidade de equipe. Infelizmente, essa convergência é movida menos pela objetividade do que por pressões sociais psicológicas. Quando todos os membros identificam-se fortemente com a equipe, eles podem destacar semelhanças (enquanto eliminam as diferenças) e acabar concordando uns com os outros. Isso pode engendrar a cooperação, o que é bom, mas também pode reduzir inadvertidamente o raciocínio crítico e o debate, algo muito ruim. O impulso pela concordância e unidade nessas situações tem prioridade sobre a objetividade.

Os psicólogos sociais há muito observaram que as opiniões em grupos tendem a convergir à medida que os seus membros tomam conhecimento das opiniões dos colegas. Por exemplo, quando inquiridos separadamente sobre suas previsões de taxas de juros futuras, os economistas em geral dão uma ampla faixa de taxas. Depois de saberem o que os colegas estão pensando, porém, a faixa miraculosamente se estreita, com a maioria das previsões se aproximando da média. Essa convergência é explicada pela relutância das pessoas — talvez devido a uma falta de autoconfiança — em fazer previsões que sejam substancialmente distantes das previsões dos outros. Talvez você tenha observado o mesmo fenômeno nas reuniões a que compareceu.

A convergência de opinião é importante para equipes de tomada de decisão, em especial com relação a metas, a maneiras como as decisões devem ser tomadas e às normas de comportamento do grupo. É difícil um grupo funcionar efetivamente se falta consenso sobre essas questões. Mas a convergência que evolui para o pensamento grupal é perigosa. A diversidade de opiniões dá lugar à homogeneidade, que cria uma ilusão de certeza. Aqueles que "pensam diferente" podem até ser rejeitados ou afastados.

Aqui estão alguns sintomas de pensamento grupal:

- Os membros do grupo têm a ilusão de invulnerabilidade.
- Os líderes ficam isolados (protegidos) de evidências contraditórias.
- Os membros aceitam dados que corroboram suas opiniões e rejeitam informações que não correspondem a elas (a tendência à evidência de confirmação que discutimos no Capítulo 8).
- As alternativas não são consideradas.
- As pessoas com opiniões diferentes em relação às da maioria são desprezadas ou demonizadas.
- As mesmas pessoas que desenvolvem planos são solicitadas a criticá-los.

Como evitar o pensamento grupal

Você reconhece algum desses sintomas em sua equipe de decisão? Se for assim, os líderes e membros devem tomar medidas para adotar uma diversidade de idéias ponderadas. Uma forma de fazer isso é nomear uma pessoa respeitada e qualificada para o papel de "advogado do diabo". Essa pessoa deve ter uma tarefa: contestar os pressupostos e conclusões da maioria. Ela também representará as opiniões divergentes e insistirá para que outros membros lidem com informações e idéias que entram em conflito com as deles.

Recompensar os otimistas e punir os pessimistas

Outra influência de grupo é encontrada na cultura de algumas organizações. Essas organizações destacam e recompensam o otimismo e punem o pessimismo. Elas se orgulham de seu espírito de "tudo é possível" e sustentam que nenhum desafio é grande demais. Os líderes que apóiam essa cultura lembram aos funcionários: "Quando passa a ser difícil, a dificuldade passa." O CEO periodicamente lança metas desafiadoras com o estímulo de que "não há nada que você não possa fazer se estiver concentrado."

O otimismo é uma virtude para os indivíduos e as organizações. Na verdade, é difícil imaginar o progresso humano sem ele. O otimismo, porém, tem um lado sombrio quando perde o contato com a realidade. Os agentes de decisão imbuídos do espírito de que "tudo é possível" podem aceitar níveis imprudentes de risco e concordar com previsões irreais; falar contra esses excessos pode contrariar a política e limitar a carreira. Argumentar por mais prudência, dizer "Não acho que possamos chegar a esses números", pode até ser considerado um sinal de deslealdade: "Se você não consegue chegar a esses números, Sr. Quimby, vou encontrar alguém que consiga."

O aspecto mais perigoso do otimismo excessivo para uma organização é a tendência a promover os otimistas e a marginalizar as pessoas rotuladas de pessimistas. Essa tendência garante que os otimistas acabem por controlar todas as decisões, agravando uma situação ruim. Dan Lovallo e Daniel Kahneman observam o que acontece nesses casos em seu artigo "Delusions of Success":

> *Os portadores de más notícias tendem a se tornar párias, evitados e ignorados por outros funcionários. Quando opiniões pessimistas são reprimidas, enquanto as otimistas são recompensadas, é solapada a capacidade de uma organização de pensar criticamente. Os ideais otimistas de funcionários passam a se reforçar mutuamente, e opiniões irreais do futuro são validadas pelo grupo.*[3]

Promova o otimismo moderado

Qual é o papel do otimismo na cultura de sua empresa? As pessoas compreendem a diferença entre ser precipitado e ser otimista realista? A alta direção deve entender essa diferença e livrar a cultura organizacional da precipitação. Poucas coisas são tão destrutivas para o moral quanto assumir uma tarefa sobre-humana e depois fracassar.

Talvez o melhor antídoto para o otimismo excessivo seja realizar uma análise objetiva de alternativas. Se, por exemplo, um dos superotimistas sugerir que adquirir determinada empresa facilitará a penetração em um mercado geográfico adjacente, peça educadamente que sejam relacionadas evidências empíricas que apóiem essa sugestão. Na ausência de evidências, a proposta nada mais é do que uma hipótese que ainda não foi testada nem examinada. Seu pedido de evidências é razoável.

A técnica de previsão de classe de referência descrita no Capítulo 8 é outro método para examinar a base factual de propostas que podem ser patentemente otimistas.

Quando os grupos tomam decisões melhores

Apesar da loucura periódica das massas descrita por Charles Mackay e das influências mais sutis que os grupos exercem sobre os indivíduos, em geral um grupo tem mais probabilidade de tomar uma decisão melhor ou de encontrar uma solução melhor do que uma pessoa que age sozinha. Não estamos aqui negando a realidade do gênio individual. Todas as grandes obras de música sinfônica, por exemplo, são produto de compositores individuais. Não existe um conjunto Mozart. *Guernica* não é obra de um comitê, mas de um único pintor. *David Copperfield* não surgiu do Fórum de Escritores de Londres, mas do trabalho solitário de Charles Dickens. Todavia, muitos dos gênios individuais que reconhecemos hoje se beneficiaram de *feedback* dado por críticos, editores, amigos e colegas.

Apesar das extraordinárias realizações individuais, os grupos em geral são melhores do que os indivíduos quando se trata de tomar decisões e resolver problemas. O simples fato de empregar o *know-how* e a experiência de três ou quatro pessoas na resolução de um problema aumenta a possibilidade de alguém no grupo saber como resolvê-lo. Ou vários membros do grupo podem ter soluções parciais que, quando combinadas, resolvam o problema integralmente.

Em 2004, o redator de finanças da *New Yorker*, James Surowiecki, publicou um livro com o provocador título *The Wisdom of Crows* ("A sabedoria das massas"), em que analisa a literatura sobre esse tema. Ele admite que muitos são mais inteligentes do que poucos: "Um grande grupo diversificado fará previsões melhores e mais sólidas e tomará decisões mais inteligentes do que o 'agente de decisão' mais qualificado."[4]

Familiarizado com as características do grupo que contrariam a tomada de decisão sólida, Surowiecki sensatamente qualifica sua fé na sabedoria das massas insistindo em quatro condições. Elas têm o efeito de minimizar o caráter de grupo e aproveitar o máximo de muitas mentes a trabalharem em um problema.

1. **Diversidade de opiniões.** Cada um do grupo deve ter uma "informação particular", isto é, informação que não está disponível aos outros. Neste sentido, a diversidade de opiniões enriquece a massa.

2. **Independência.** As opiniões de integrantes do grupo não devem ser determinadas pelos que os cercam (por exemplo, pelo chefe, que participa da decisão).

3. **Descentralização.** Como afirma Surowiecki, as pessoas devem ser capazes de "se especializar e se basear em conhecimento local". Em outras palavras, os agentes de decisão não devem se basear no mesmo corpo pequeno de informações.

4. **Agregação.** Deve haver um mecanismo para converter as avaliações individuais em avaliação coletiva — e em uma decisão.[5] As eleições, por exem-

plo, são mecanismos para gerar uma avaliação coletiva sobre os políticos e sua política. Sem eleições, as avaliações continuariam privadas e não poderiam formar um corpo político.

Parece razoável que um grupo que atenda às quatro condições esteja pronto para tomar uma decisão melhor. O desafio é atender a essas condições. É difícil no ambiente empresarial, por exemplo, ser verdadeiramente independente porque os membros de um grupo tendem a influenciar os colegas. Assim como os voluntários desavisados de Asch tinham de ouvir as avaliações dos outros antes de abrir a boca, todos, exceto um membro de uma equipe de decisão — o primeiro a falar —, ouvirão o que os outros pensam antes de dar seus próprios veredictos. As diferenças hierárquicas entre os indivíduos nas empresas também podem solapar a avaliação independente. Ainda assim, as quatro condições de Surowiecki merecerão consideração quando você convocar os membros de uma equipe de decisão.

Como somos animais sociais, nossas opiniões e decisões são afetadas por aqueles que nos cercam. Sua tarefa como agente de decisão — ou líder de uma equipe de decisão — é tirar proveito da sabedoria enquanto mantém a distância as influências corrosivas do grupo. Não é fácil, mas seu sucesso aumentará a probabilidade de tomar uma decisão eficaz.

Resumo

- Somos animais sociais e nossas avaliações são influenciadas por aqueles que nos cercam.
- O julgamento de alguns agentes de decisão é influenciado pelo desejo de agradar, evitar conflito, acompanhar ou fazer parte de um grupo —, ou ainda, de evitar a crítica pós-decisão.
- O pensamento grupal é o possível efeito colateral da forte identidade de equipe. A ênfase à coesão e a repressão às divergências caracterizam o pensamento grupal.

- Cuidado com o otimismo indevido. O otimismo é necessário para o progresso, mas deve ter base factual.

- Embora os grupos estejam sujeitos à "loucura das massas", de acordo com James Surowiecki, os grupos podem tomar decisões melhores do que os indivíduos, se prevalecerem algumas condições: diversidade de opiniões, independência dos integrantes do grupo, descentralização e presença de um mecanismo para converter avaliações individuais em decisão.

10

Rumo a uma organização mais inteligente

Como tomar decisões melhores

Principais tópicos abordados neste capítulo

- *A virtude de tomar decisões de alta qualidade*
- *Um exemplo*
- *Seis lições*
- *O que os líderes devem fazer*
- *Melhoria contínua na tomada de decisões*

A META DE TODA ORGANIZAÇÃO deve ser melhorar a qualidade de suas decisões. A realização dessa meta é sua própria recompensa. Você pode imaginar como o resultado financeiro de sua empresa melhoraria se as decisões do executivo sênior melhorassem no mínimo 25%? Um de quatro erros custosos — em preencher posições de liderança, fixar preços de produtos e serviços, negociar e formular estratégia — seria eliminado e substituído por uma decisão inteligente que melhoraria a eficácia ou tornaria a empresa mais competitiva. A energia do funcionário, em geral desperdiçada por decisões ruins dos executivos, seria orientada para atividades que realmente criassem valor.

As decisões ruins tomadas pelos executivos não podem ser eliminadas porque os líderes vivem em um mundo incerto, mas substituir algumas decisões ruins por boas pode fazer uma enorme diferença no destino de uma empresa e de seus proprietários. Na verdade, um investimento na melhoria da tomada de decisões pode ter um retorno mais alto do que quase qualquer outro que uma empresa pode fazer, e por um motivo simples: melhorar a tomada de decisão em geral custa muito pouco, mas cria um alto valor para os acionistas.

O que é válido para o topo de uma empresa é igualmente válido para os outros níveis. Para cada decisão tomada pela alta gerência, dezenas de outras são tomadas pela gerência de nível médio, por supervisores e funcionários. Pode imaginar quanto o desempenho de sua organização melhoraria se essas decisões nos níveis inferiores — e médios — fossem mais acertadas ou mais inteligentes?

Felizmente, é possível decidir melhor em todos os níveis quando as empresas fazem o seguinte:

- Adotam um processo de decisão racional como o que descrevemos neste livro.
- Treinam pessoal adequado nesse processo e nas ferramentas de análise de decisão.
- Ampliam a compreensão do funcionário e a implementação do processo contínuo.

A importância de ter bons processos é bem compreendida nos negócios. Desde o advento do movimento da qualidade na década de 1970, empresas de todo o mundo analisaram seus processos operacionais, aperfeiçoaram-nos e treinaram funcionários de acordo com os princípios e técnicas da melhoria de processos. Graças a esses esforços, o lado operacional da maioria das empresas está em forma.

É muito mais difícil encontrar exemplos de empresas que atacaram a qualidade da decisão e o processo de decisão com o mesmo zelo — se o fizeram. A General Motors, a Chevron/Texaco, a Johnson & Johnson e a Boeing estão entre as exceções nos Estados Unidos. Como disseram David e Jim Matheson em seu livro *The Smart Organization*, a tomada de decisão é a próxima fronteira do movimento da qualidade.[1] Depois de ter uma empresa que sabe como "fazer certo as coisas", você naturalmente quer decisões que orientem as pessoas a "fazerem as coisas certas". Isso completa o círculo e contribui para uma empresa forte e competitiva.

A experiência da GM

A General Motors é um exemplo interessante e bem documentado de uma grande empresa que adotou e institucionalizou um processo de decisão rigoroso.[2] Nesse caso, podemos ver como um agente de mudança conseguiu introduzir um processo sólido, conquistou sua aceitação nas fileiras gerenciais, melhorou-o durante anos e o tornou parte da cultura da empresa.

O agente de mudança no caso da GM foi Vincent P. Barabba, recrutado em 1987 na Eastman Kodak, em que ocupava o cargo de chefe de pesquisa de mercado. As experiências de Barabba na Kodak, e anteriormente na Xerox, ensinaram-lhe a importância de criar um fluxo livre de informações entre as pessoas que as desenvolvem (pesquisadores de mercado) e as que as usam (agentes de decisão). Ele testemunhou os erros que ocorrem quando as informações são usadas de forma ineficaz, em particular quando informações de mercado são utilizadas de acordo com a conveniência de pessoas que desejam apoiar argumentos que defendem. A experiência da Kodak também o expôs aos princípios da análise de decisão.

A partir de 1988, Barabba e uma pequena equipe, com assistência do Strategic Decisions Group, uma empresa de consultoria especializada em análise de decisão, começaram a treinar gerentes no processo de decisão por diálogo (PDD), descrito anteriormente neste livro. Seu objetivo era mudar a abordagem de decisão da fabricante de automóveis, deixando a defesa de posições pessoais de lado para adotar a inquirição e o aprendizado. Seus esforços não podiam chegar em melhor hora: a GM estava com sérios problemas e enfrentava várias decisões importantes.

Como Barabba descreveu em uma entrevista, em janeiro de 2005, para este livro, a cultura da GM na época era de "venda" de propostas à alta gerência.[3] Assim como advogados tentam ganhar o caso para seus clientes antes da decisão do júri, os gerentes faziam o máximo por suas propostas. Essas propostas nunca reconheciam um aspecto negativo e as alternativas nunca eram apresentadas. "A última coisa que você faria nesse ambiente", disse Barabba, "seria dizer à gerência: 'Há realmente várias outras maneiras de abordar esse problema.' Isso simplesmente não acontecia."

Entre 1988 e 1995, quando Barabba passou o bastão à nova liderança de sua unidade de Iniciativas Estratégicas da GM (GMSI), essa unidade de consultoria interna havia treinado 2.500 gerentes e executivos em PDD, familiarizando-os com um conjunto de ferramentas analíticas para avaliar alternativas. Muitos deles agora ocupam as cadeiras dos "conselhos de decisão" permanentes ou temporários na GM, e eles esperam das pessoas que os procuram com propostas que contextualizem o problema corretamente que apresentem alternativas e avaliem cada alternativa viável usando ferramentas adequadas da análise.

Todo ano o processo de decisão por diálogo é aplicado a projetos mais fundamentais na empresa e cada aplicação confere aos envolvidos uma experiência de aprendizado. Essas pessoas levam esse aprendizado às decisões seguintes. Ao mesmo tempo, a unidade GMSI amadureceu, tornando-se uma organização de apoio eficaz com habilidades substanciais de análise. Em 2004, incluía 25 profissionais permanentes e um grupo rotativo de gerentes que exerciam diversas funções na corporação.

Os resultados do caso da GM são muito animadores para qualquer organização que queira se aprimorar. Barabba observou três ganhos significativos:

- Agora a GM lida com decisões-chave de forma mais racional; a antiga abordagem de "vender" projetos não é mais tolerada.
- O tempo entre a consideração inicial de um projeto e sua implementação foi reduzido aproximadamente à metade. O tempo para tomar a decisão real é maior, pois há mais reflexão e análise no processo. Porém o tempo entre a decisão e o início da implementação foi drasticamente reduzido porque as pessoas não criticam as decisões antecipadamente nem fazem *lobby* nos bastidores para mudá-las.
- O uso de equipes e conselhos interdisciplinares de decisão melhorou a comunicação e a compreensão em toda a organização funcional da GM. Os gerentes e os não-gerentes agora colaboram com os funcionários de outras unidades. Mais importante: eles estão mais dispostos do que antes a pensar no que é melhor para a empresa, e não no que é melhor para suas unidades.

Lições para a melhoria organizacional

O exemplo da GM é um caso singular, mas sua experiência e a literatura sobre mudança organizacional trazem várias lições para as empresas que querem fazer da tomada de decisão eficaz parte de seu DNA. Aqui estão seis que você pode usar:

1. Consiga um apoio visível do topo. Se o chefe declarar que sua missão é importante, os outros vão receber a mensagem.
2. Comece aos poucos e seja paciente. Você não pode treinar todos ao mesmo tempo, nem mudar o modo como as pessoas tomam decisões da noite para o dia. As duas ações requerem tempo. Use pequenas situações de decisão para experimentar e aprender.
3. Concentre-se inicialmente em demonstrar o valor de um processo de decisão racional. Quando as pessoas virem seu valor, a resistência diminuirá e você conseguirá os recursos de que precisa para expandir.
4. Treine as pessoas no uso de um processo em comum e de um conjunto comum de ferramentas de decisão. Tenha uma pequena equipe de especialistas para ajudar as equipes de decisão a passarem pelo processo e fazer parte da análise técnica das alternativas de avaliação.
5. Não seja um martelo à procura de um prego. Aplique o processo e as ferramentas somente a decisões adequadas.
6. Pratique a melhoria contínua. Depois de cada decisão, realize uma análise pós-ação e pergunte: "Como poderíamos ter feito isso melhor?" Depois aplique o que aprendeu à decisão seguinte.

Talvez a lição mais profunda sobre a implementação tenha sido articulada por Vincent Barabba em seu livro, *Meeting of the Minds*, publicado em 1995. "Se você conseguir mudar a forma como as pessoas em uma empresa tomam decisões", escreveu ele, "você poderá mudar a cultura da empresa para melhor" — a melhoria definitiva.

> *Um dos subprodutos da aplicação contínua de PDD na GM foi uma mudança nítida na cultura gerencial. Houve uma alteração observável de uma cultura de defesa de posições pessoais e antagonismos para outra que é mais aberta e cooperativa. Esse efeito foi inesperado. Nosso objetivo era mudar o modo como as decisões eram tomadas, e não mudar a cultura. Mas passamos a entender a relação intrínseca entre ambas (...).*
>
> *Muitas corporações cometem o erro de alterar o organograma ou tentar mudar a cultura corporativa. No fim, esses esforços são caros, dolorosos e em geral fadados ao fracasso (...). Se quiser que a mudança da cultura aconteça — e perdure —, pare de remexer no organograma e comece a mudar o processo de tomada de decisões.*[4]

O que os líderes devem fazer

A adoção e a implementação de um processo de decisao racional não acontecem simplesmente. Uma pessoa com influência organizacional, como Vincent Barabba na GM, deve liderar o processo. Essa pessoa deve assumir a tarefa e conseguir apoio e entusiasmo para ela.

A liderança da empresa deve demonstrar sua intolerância a qualquer proposta ou decisão que seja tomada por meio do antigo sistema de persuasão ou defesa de posições pessoais. "Tenho uma ótima idéia para expandir nossos negócios no Texas. Deve gerar um aumento aproximado de US$12 milhões em receita anual ao fim do terceiro ano. E só vou precisar de US$300.000 para alavancar o projeto. Agora, aqui está o meu plano." Quando um gerente aparecer com um argumento desses, a liderança deve reprimir imediatamente e insistir em algo melhor: "Ficamos felizes que você esteja pensando em maneiras de aumentar as receitas, mas gostaríamos que você voltasse e ampliasse a proposta. Consiga algumas pessoas para ajudá-lo. Quanto mais cabeças colocarmos nessa questão, melhor. Especificamente, gostaríamos que você pensasse em várias maneiras de expandir nossas receitas. Não devemos pensar no Texas como a única oportunidade. Se essa empresa tiver de fazer um plano concentrado para expandir as receitas, gostaríamos de alternativas entre as quais escolher."

Se a gerência sênior der esse tipo de resposta a todo gerente que tomar a defesa de um plano ou uma solução de problema, as pessoas entenderão a mensagem de que "vender o peixe" não é um passaporte para conseguir o que elas querem.

Como começar

Comece por uma unidade ou operação em que a gerência sênior e os funcionários verdadeiramente recebam bem uma mudança no modo como as decisões são tomadas. Pode ser em sua unidade de sistemas de informações, que deve tomar as decisões sobre *website* de comércio eletrônico ou infra-estrutura de informação. Pode ser na área responsável pelo desenvolvimento e lançamento de novos produtos ou serviços. Uma força-tarefa com a atribuição de desenvolver um novo plano de bonificações pode ser outra candidata.

Imprescindível é que comece, comece em pequenas unidades e não se deixe impressionar pelo todo. Essas são duas das lições importantes da literatura sobre gestão da mudança. A probabilidade de sucesso é maior quando a transformação é instigada em unidades pequenas e bastante autônomas. Mudar toda uma organização a um só tempo é muito mais difícil e tem menos probabilidade de sucesso. Depois que a mudança em escala menor for realizada e testemunhada pelos funcionários de unidades adjacentes, a difusão da iniciativa pela organização será muito mais fácil. A mudança também terá mais chances de sucesso se for motivada e controlada dentro das unidades nas quais está sendo realizada. O apoio da alta gerência sempre é importante, mas iniciativas de mudança enlatadas, impelidas e controladas pelo escritório do CEO têm histórico ruim de sucesso.

Depois de perceberem os efeitos benéficos das aplicações do processo de decisão, as pessoas ficarão mais receptivas à mudança. A liderança deve estimular a difusão do processo a outras unidades.

Consiga ajuda, se precisar dela

A experiência sempre é uma vantagem quando você está tentando mudar processos de negócios. O processo de decisão em cinco passos delineado neste livro será uma novidade para a maioria das pessoas. O mesmo pode ser dito das ferramentas de análise de decisão. Isso sugere que uma ajuda profissional, na forma de treinamento em decisão, à medida que você introduz um processo de decisão em sua organização, pode ser um bom investimento.

O movimento da qualidade nos dá uma analogia útil. As empresas que viram os benefícios das melhorias de qualidade contrataram profissionais externos para ensinar princípios e técnicas de qualidade. Depois que as pessoas aprenderam como fazer, elas treinaram os colegas.

Várias empresas de consultoria são especializadas em treinamento em decisão: elas podem ajudá-lo a superar a curva de aprendizado com muito mais rapidez do que você conseguiria sozinho, e podem livrá-lo das armadilhas capazes de afundar seus esforços.

Estimule a melhoria contínua

Como todos os outros processos aplicados em sua empresa — entrada de pedidos, recrutamento, fabricação, e assim por diante —, a tomada de decisões pode ter melhoria contínua. As pessoas e equipes podem conseguir o melhor na tomada de decisões se fizerem esforço consciente para aprender com cada experiência. A consciência desse esforço em geral assume a forma de uma análise pós-ação:

Quais foram os pontos fortes de nossa análise de decisão?

Em que etapa poderíamos ter feito melhor?

Se pudéssemos recomeçar, o que faríamos melhor?

O aprendizado com as análises pós-ação é passado adiante e aplicado à decisão posterior. Se isso for feito sistematicamente, os agentes e equipes de decisão se tornarão mais eficazes com o passar do tempo, o que proporcionará crescente impacto positivo na empresa.

Mas não limite seu pensamento a aperfeiçoar as habilidades pessoais; considere maneiras de alterar o processo de decisão para melhor. Isso pode envolver a escolha de participantes, de seus métodos para contextualizar a decisão e gerar alternativas, das ferramentas usadas na análise, ou do modo como a decisão final será tomada. Você deve fazer todos os esforços para tornar o processo eficaz e eficiente.

Resumo

- As decisões aperfeiçoadas — por funcionários de cada unidade — podem ter impacto importante sobre o valor de seus negócios. Até uma melhoria pequena pode fazer grande diferença.
- Para aprimorar a tomada de decisões em toda a empresa, você deve: adotar um processo de decisão racional, treinar pessoal no uso do processo e nas ferramentas de análise relacionadas com a decisão e melhorar a implementação do processo por meio do uso contínuo.
- A experiência da General Motors indica como um processo de decisão racional, como o que propomos neste livro, pode ser introduzido e expandido aos poucos em uma grande organização.
- Ao introduzir um novo processo de decisão, comece por um setor e expanda-o à medida que ele demonstrar seu valor. Arregimente o apoio da alta gerência, mas localize o controle e a responsabilidade.
- Estimule a melhoria contínua.

APÊNDICE A

Ferramentas de implementação úteis

Este apêndice contém duas planilhas que você pode considerar úteis. Ambas foram adaptadas de Harvard ManageMentor®, um produto *online* da Harvard Business School Publishing. A "Lista das dez piores coisas que podem acontecer" pode ser baixada sem custos do *web site* da série Harvard Business Essentials: www.elearning.hbsp.org/businesstools. Você pode acessar gratuitamente essas e outras planilhas, listas de verificação e ferramentas interativas encontradas no *site*.

1. **Planilha de criação do ambiente (Figura A.1).** Use essa planilha para pensar em como abordar o processo de tomada de decisão.

2. **Lista das dez piores coisas que podem acontecer (Figura A.2).** Alguns gerentes consideram útil criar e ter à disposição uma lista das dez piores coisas que podem acontecer no trabalho e do que fariam com relação a elas. Use essa ferramenta para registrar sua própria lista, ou peça a uma equipe ou grupo de trabalho para desenvolver uma.

Figura A.1

Planilha de criação do ambiente

Use esta planilha para pensar em como abordar o processo de tomada de decisão.
Descrição da decisão Descreva uma decisão que você e seu grupo precisam tomar:
Participantes Liste os nomes e os papéis das pessoas que você incluirá em seu grupo de tomada de decisão. Identifique os principais interessados, especialistas e oponentes (pessoas que podem se opor à decisão ou impedir sua implementação).
Tempo Quanto tempo você tem para tomar essa decisão? Isso precisa ser feito em uma data específica?
Ambiente Onde vocês se reunirão? (Se possível, considere usar um local que seja diferente do lugar onde vocês costumam se reunir.)
Abordagem à tomada de decisão Que abordagem você usará para tomar a decisão: consenso, voto da maioria, consenso qualificado, liderança diretiva ou uma combinação delas? (Considere a importância e as implicações da decisão. Você pode precisar reservar a decisão final para si mesmo.) Como você tomará a decisão se o grupo chegar a um impasse?
Clima Liste algumas perguntas que você pode fazer para estimular o debate: 1. 2. 3. 4. Preveja algumas posições sobre os rumos de ação propostos que considerem a decisão. Como você chegará a um equilíbrio entre o debate baseado na defesa e o embasado na inquirição?

Fonte: Harvard ManageMentor® sobre Tomada de Decisões de Negócios, adaptado com permissão.

Figura A.2

Lista das dez piores coisas que podem acontecer

Alguns gerentes consideram útil criar e ter à disposição uma lista das dez piores coisas que podem acontecer no trabalho e do que fariam com relação a elas. Use essa ferramenta para registrar sua própria lista ou peça a uma equipe ou grupo de trabalho para desenvolver uma.

Situação	O que eu/nós faríamos
1.	
2.	
3.	
4.	
5.	
6.	
7.	
8.	
9.	
10.	

Fonte: Harvard ManageMentor® sobre Gestão de Crise, adaptado com permissão.

APÊNDICE B

Ferramentas financeiras para avaliar alternativas

As decisões de negócios em geral são movidas por preocupações financeiras.

> Será que devemos continuar a operar o centro de distribuição no Reino Unido, ou devemos terceirizar a atividade a um fornecedor?
>
> Quanto tempo levará para recuperar nosso investimento nas alternativas A e B?
>
> O produto A e o produto B são ambos alternativas atraentes para a nossa empresa, mas quantas unidades cada um deve vender para começarmos a ganhar dinheiro? Qual representa o maior valor de longo prazo e qual a maior taxa de retorno para nossa empresa?
>
> Parece que a substituição do sistema de aquecimento em nossa sede de Chicago tem fim econômico, dados os custos de energia projetados. Mas e se os custos de energia subirem apenas 5%, e não os 10% que você projetou?
>
> Quais são as taxas de retorno sobre as três alternativas que você identificou?

Este apêndice explica as ferramentas que podem ser usadas para responder a perguntas semelhantes por meio do que se segue:

- Retorno sobre o Investimento
- Período de Retorno do Investimento
- Valor Presente Líquido (VPL)
- Taxa Interna de Retorno (TIR)
- Análise de ponto de equilíbrio
- Análise de sensibilidade

Retorno sobre o Investimento (ROI) e Período de Retorno do Investimento

O retorno de um investimento pode assumir a forma de economia de custos, lucro incremental ou aumento no valor. Para calcular o retorno líquido de um investimento, simplesmente subtraia o custo total do investimento dos benefícios totais. Para calcular o ROI — a proporção de retorno líquido com relação ao custo do investimento —, divida a quantia líquida do retorno pelo custo total do investimento.

Essencialmente, o ROI é um meio de comparar retornos sobre o dinheiro que uma empresa gasta internamente com retornos disponíveis em outros lugares. Falando de modo geral, um ROI de investimento deve ser razoavelmente alto — mais do que a empresa pode esperar conseguir pelo investimento, por exemplo, em títulos do governo.

Vamos supor que o novo torno controlado por computador de US$100.000 que você está considerando comprar permitisse que a empresa economizasse US$18.000 por ano ao longo da vida útil da máquina, estimada em sete anos. A economia total seria então de US$126.000, gerando um retorno líquido de US$26.000 (US$126.000 – US$100.000). Aplicando-se a fórmula — US$26.000/ US$100.000 — o ROI para o investimento é de atraentes 26%.

As empresas também querem saber, porém, o Período de Retorno do Investimento: quanto tempo levará para um investimento se pagar. Já sabemos que se espera que o torno economize para você US$18.000 por ano. Para determinar o Período de Retorno do Investimento, divida a quantia total do investi mento pela economia anual esperada. Neste caso, US$100.000/US$18.000 = 5,56. Em outras palavras, o torno vai se pagar em 5,56 anos. A Tabela B.1 fornece uma ilustração ano a ano.

Observe que você só começará verdadeiramente a auferir os benefícios do investimento depois de cinco anos. Mas e se a estimativa de expectativa de vida estiver errada, e o torno enguiçar depois de cinco anos? O investimento agora deixou de ser atraente; a empresa nem sequer recuperará seu investimento inicial.

TABELA B.1
Economia anual cumulativa

Ano	Economia	Economia cumulativa
1	US$18.000	US$18.000
2	US$18.000	US$36.000
3	US$18.000	US$54.000
4	US$18.000	US$72.000
5	US$18.000	US$90.000
6	US$18.000	US$108.000
7	US$18.000	US$126.000

Como ferramenta analítica, o ROI e o Período de Retorno do Investimento apresentam várias vantagens:

- Eles são fáceis de ser realizados pela alta gerência.
- Eles lembram a todos que os gastos sensatos se pagam financeiramente.
- Eles adotam uma perspectiva de longo prazo.
- Eles o ajudam a comparar várias opções.

Porém há um aspecto negativo nos dois métodos: eles ignoram o valor-tempo do dinheiro. O valor-tempo é refletido em ferramentas financeiras mais sofisticadas: o Valor Presente Líquido e a Taxa Interna de Retorno.

Valor Presente Líquido

O Valor Presente Líquido (VPL) foi introduzido em sua forma mais simples no Capítulo 5; seu tratamento é ampliado aqui. Essa ferramenta analítica pode ser complicada. Como a maioria das calculadoras e planilhas eletrônicas podem fazer esses cálculos para você, vamos dispensar a matemática subjacente.

Para começar, vamos ver o princípio que está por trás dos dois métodos: o valor-tempo do dinheiro. Na realidade, esse princípio declara que um dólar que você recebe hoje vale mais do que um dólar que você receberá no futuro. O motivo? Mesmo pressupondo inflação zero, o dólar que você recebe hoje pode ser investido e dar retorno nos anos seguintes; o mesmo não se pode dizer do dólar a ser recebido daqui a cinco anos.

Por exemplo, considere US$1 recebido hoje e outro dólar recebido exatamente daqui a cinco anos. Na sua opinião, qual deles tem mais valor? Se você recebesse US$1 hoje e investisse em uma conta de mercado monetário, com taxa de juros diária composta de 5% ao ano, esse dólar estaria valendo US$1,28 ao fim de cinco anos. Se você esperasse cinco anos para pegar seu US$1, perderia US$0,28. Isso significa que US$1,28 recebido daqui a cinco anos (um valor futuro) equivale a US$1 recebido hoje (um valor presente), quando descontada a taxa de 5% ao ano.

Esse conceito de valor-tempo pode ser aplicado amplamente nos negócios. Por exemplo, na avaliação de uma nova oportunidade, você deve analisar o fluxo de caixa que espera ter em vários momentos do futuro. Mas, para fazer esta análise, você deve elaborar um método para expressar os dólares futuros em termos de dólares presentes. É o que lhe permitem fazer o Valor Presente Líquido e a Taxa Interna de Retorno.

Digamos que sua empresa espera que uma nova linha de cabides de madeira para casacos comece a gerar um lucro anual de US$60.000 daqui a um ano e continue pelos cinco anos subseqüentes. As questões para a empresa podem, portanto, ser formuladas da seguinte maneira: dado esse fluxo de lucro esperado e o custo de US$250.000 necessário para produzi-lo, a nova linha de cabides para casacos é a forma mais produtiva de investir os US$250.000 iniciais? Ou seria melhor investir o valor em outro produto?

O cálculo do Valor Presente Líquido começa a responder a essa pergunta reconhecendo que os US$300.000 em lucro (US$60.000 por ano, durante cinco anos) que você espera receber em cinco anos não valem US$300.000 em dólares atuais: devido ao valor-tempo do dinheiro, valem menos do que isso. Essa soma futura de US$300.000 deve ser descontada antes que possa ser convertida com precisão em dólares de hoje. O valor do desconto depende da taxa de retorno que você esperaria receber se tivesse escolhido colocar o investimento inicial de US$250.000 em outro tipo de produto, e não na linha de cabides para casacos (mas com um risco similar), pelo mesmo período de tempo. Essa taxa de retorno em geral é chamada de taxa de desconto. Em nosso exemplo, vamos supor uma taxa de desconto de 6%.

A função VPL em sua calculadora ou planilha eletrônica leva em consideração seu investimento inicial, seu fluxo de caixa anual (nesse exemplo, o lucro), sua taxa de desconto e o número de anos em que você receberá fluxos de caixa. Se o VPL resultante for um número positivo e se nenhum outro investimento estiver sendo considerado, o investimento deve ser feito. Em nosso caso, o VPL para a linha de cabides é de US$2.587, um número que sugere ser um investimento atraente.

Mas e quanto a um investimento alternativo que sua empresa está pensando em fazer (e as boas decisões exigem que você considere as alternativas)? Você ainda está pensando em comprar o torno controlado por computador de US$100.000 que descrevemos anteriormente. É previsto que o investimento produzirá uma economia de custo de US$18.000 ao ano durante sete anos no futuro. Quando descontados em 6%, esse fluxo de caixa tem um VPL de US$456, o que é bastante positivo. Quando comparamos os VPLs dos dois investimentos, vemos que ambos são positivos, mas o dos cabides é maior. Se você puder fazer apenas um dos investimentos, deve seguir com a nova linha de cabides para casacos e deixar de lado o investimento no novo torno.

Aqui devemos destacar o efeito da taxa de desconto no VPL. Suponha que a taxa de desconto fosse de 10% em vez dos 6%: neste caso, o VPL para o torno seria de –US$11.244. O torno deixaria de ser um investimento modestamente atraente e passaria a ser um investimento ruim.

Observe outra coisa no cálculo do VPL para a nova linha de cabides para casacos: mesmo com uma taxa de desconto de 6%, o VPL é muito menos otimista do que os róseos 26% de previsão de ROI. Perceba que embora seja muito mais difícil de calcular (e explicar), a análise de VPL é uma avaliação mais sofisticada e mais abrangente de alternativas de investimento.

Taxa Interna de Retorno (TIR)

A Taxa Interna de Retorno (TIR) é outra ferramenta que os gerentes podem usar para avaliar alternativas. É definida como a taxa de desconto, a taxa a que o VPL de um investimento equivale a zero. Em geral, quando a TIR de uma alternativa é maior do que o retorno esperado de outra, aquela com a TIR mais alta deve ser empreendida.

Qual é a Taxa Interna de Retorno razoável que uma empresa deve esperar de um investimento? Em geral, está bem abaixo do que se pode conseguir em um investimento sem riscos, como um título do Tesouro. Em muitos casos, as empresas estabelecerão uma taxa de atratividade: uma taxa mínima de retorno que todos os investimentos precisam alcançar. Nesses casos, a TIR do investimento em consideração deve superar a taxa de atratividade a fim de que a empresa opte por ela.

Análise do ponto de equilíbrio

A análise do ponto de equilíbrio é outro método que as pessoas usam quando avaliam alternativas. Ela é útil quando você está considerando um investimento que lhe permitirá vender algo novo ou vender mais de algo que você já fabrica. Ela indica quanto (ou quanto mais) você deve vender para pagar pelo investimento fixo — em outras palavras, em que ponto você chegará ao equilíbrio. Com essa informação em mão, você pode olhar a demanda do mercado e as participações de mercado dos concorrentes para determinar se é realista sua expectativa de venda.

Em termos mais precisos, o cálculo do ponto de equilíbrio o ajuda a determinar o volume em que a contribuição total de uma linha de produto ou investimento equivale aos custos fixos totais de sua produção. Mas antes que você possa fazer o cálculo, precisa entender seus componentes: contribuição, custo fixo e custo variável.

A contribuição é definida como a receita por unidade menos os custos variáveis por unidade; é a soma do dinheiro disponível para contribuir para o pagamento dos custos fixos. Os custos fixos são itens como seguro, salários da gerência, aluguel e custos de desenvolvimento de produto — que permanecem os mesmos, independentemente do número de unidades de um produto ou serviço que seja vendido. Os custos variáveis são as despesas que mudam de acordo com a quantidade de unidades produzidas e vendidas; os exemplos incluem mão-de-obra, custos de serviços públicos e matéria-prima.

Com esses conceitos, podemos entender o cálculo:

1. Subtraia o custo variável por unidade do preço de venda; isto equivale à contribuição por unidade.

2. Divida os custos fixos totais, ou a quantia do investimento, pela contribuição por unidade.

3. O quociente é o volume do ponto de equilíbrio, expresso como o número de unidades que devem ser vendidas a fim de que todos os custos fixos sejam cobertos.

Vamos ver novamente o torno controlado por computador que foi proposto. Suponha que cada item produzido pelo torno seja vendido por US$75 e o custo variável por unidade seja de US$22. Aqui está o cálculo do ponto de equilíbrio:

US$75 (preço unitário) – US$22 (custo variável por unidade)
= US$53 (contribuição por unidade)

US$100.000 (custo fixo)/US$53
= 1.887 unidades (o volume do ponto de equilíbrio)

A essa altura, você deve decidir se o volume do ponto de equilíbrio é viável: seria viável esperar vender 1.887 cabides adicionais? — e, se assim for, com que rapidez? Observe que esse volume deve ser incremental: você produziu esse tipo de bem o tempo todo e o torno representa simplesmente uma forma de melhorar o processo de produção; mas o volume de vendas que compense deve estar acima do volume de vendas atual.

No *website* da Harvard Business Essentials é possível encontrar um software gratuito que pode ser usado para fazer sua análise de ponto de equilíbrio. Foi criado inicialmente para o módulo de finanças da publicação *online* Harvard ManageMentor®. Para utilizar essa ferramenta, acesse o site www.elearning.hbsp.org/businesstools e procure pelas ferramentas listadas no livro *Finance for Managers*. E, enquanto estiver no *site*, verifique quaisquer outros *downloads* que possam ser úteis para você e sua empresa.

Análise de sensibilidade

A análise de sensibilidade é uma técnica usada para avaliar o impacto financeiro, medido pelo Valor Presente Líquido (VPL), de mudanças em parâmetros-chave de uma alternativa de decisão. Você faz a análise de sensibilidade identificando as incertezas importantes e criando cenários de melhor e pior hipóteses para cada uma delas. O VPL para esses cenários é calculado em seguida.

Por exemplo, no caso de sua nova linha de cabides para casacos, vários parâmetros-chave podem ser incertos: o número de unidades vendidas em um ano e o preço de venda por unidade. Quaisquer surpresas podem ter um forte impacto sobre o VPL do novo produto. Em quase todos os casos, você pode simular esses cenários em uma planilha eletrônica. Torna-se mais fácil lidar com os números simplesmente mudando uma variável de cada vez.

Notas

Capítulo 2

1. David Matheson e Jim Matheson, *The Smart Organization* (Boston: Harvard Business School Press, 1998).

Capítulo 3

1. Alan J. Rowe, *Creative Intelligence* (Upper Saddle River, NJ: Prentice Hall, 2004), 68.
2. J. Edward Russo e Paul J. H. Schoemaker, *Winning Decisions* (Nova York: Currency, 2001), 24.
3. Jeffrey Pfeffer, *Managing with Power* (Boston: Harvard Business School Press, 1992), 63-64.

Capítulo 4

1. David Matheson e Jim Matheson, *The Smart Organization* (Boston: Harvard Business School Press, 1998), 24.
2. G. W Hill, "Group versus Individual Performance: Are N + 1 Heads Better Than One?" *Psychological Bulletin* 91 (1982): 517-539.
3. Matheson e Matheson, *The Smart Organization*, 42-43.
4. Vincent P. Barabba, *Meeting of the Minds* (Boston: Harvard Business School Press, 1995), 191.

Capítulo 5

1. Benjamin Franklin, carta a Joseph Priestley, 19 de setembro de 1772. Citada em H. W. Brands, *The First American* (Nova York: Doubleday, 2000), 457.
2. Para uma discussão de trocas equilibradas, ver Capítulo 9, "Tradeoff", em John S. Hammond III, Ralph L. Keeney e Howard Raiffa, *Smart Choices: A Practical Guide to Making Better Decisions* (Boston: Harvard Business School Press, 1999), 83-108.
3. Alan J. Rowe e Sue Anne Davis, *Intelligent Information Systems* (Nova York: Quorum Books, 1996), 24.

Capítulo 6

1. Para uma discussão completa da técnica de *catchball*, ver George Labovitz e Victor Rosansky, *The Power of Alignment* (Nova York: John Wiley & Sons, 1997), 90-92.

Capítulo 7

1. David Bovet e Joseph Martha, *Value Nets* (Nova York: John Wiley & Sons, 2000), 41.
2. Robert G. Cooper, "Stage-Gate Systems: A New Tool for Managing New Products", *Business Horizons* (maio-junho de 1990): 45-54.
3. Alden M. Hayashi, "When to Trust Your Gut", *Harvard Business Review*, fevereiro de 2001, 60-61.
4. Eric Bonabeau, "Don't Trust Your Gut", *Harvard Business Review*, maio de 2003, 15.
5. Entrevista com Kim Wallace a Richard Luecke, 20 de janeiro de 2005.

Capítulo 8

1. John S. Hammond III, Ralph L. Keeney e Howard Raiffa, *Smart Choices: A Practical Guide to Making Better Decisions* (Boston: Harvard Business School Press, 1999), 191.
2. Dan Lovallo e Daniel Kahneman, "Delusions of Success: How Optimism Undermines Executives' Decisions", *Harvard Business Review*, julho de 2003, 58.
3. Entrevista de Vincent P. Barabba a Richard Luecke, 22 de janeiro de 2005.

4. Mitsuo Fuchida e Masatake Okumiya, *Midway: The Battle That Doomed Japan* (Nova York: Balantine Books, 1955), 91-92.
5. Scott Plous, *The Psychology of Judgement and Decision Making* (Nova York: McGraw-Hill, 1993), 226.
6. Ibidem, 229.
7. Lovallo e Kahneman, "Delusions of Success", 62.
8. John S. Hammond III, Ralph L. Keeney e Howard Raiffa. "The Hidden Traps in Decision Making", *Harvard Business Review,* setembro-outubro de 1998, 52.
9. Joseph Strayer, citado em Theodore S. Hamerow, *Reflections on History and Historians* (Madison: University of Wisconsin Press, 1987), 210.
10. Harry S. Truman, *Memoirs, Volume 2: Years of Trial and Hope* (Garden City, NY: Doubleday & Co., Inc., 1956), 332-333.
11. Richard Neustadt e Ernest May, *Thinking in Time: The Uses of History for Decision Makers* (Nova York: The Free Press, 1986).

Capítulo 9

1. Scott Plous, *The Psychology of Judgement and Decision Making* (Nova York: McGraw-Hill, 1993), 204.
2. "Solomon Asch Experiment: A Study in Conformity", www.age-of-the-sage.org/psychology/social/asch-confomity.html.
3. Dan Lovallo e Daniel Kahneman, "Delusions of Success: How Optimism Undermines Executives' Decisions", *Harvard Business Review,* julho de 2003, 60-61.
4. James Surowiecki, *The Wisdom of Crowds* (Nova York: Doubleday, 2004), 22.
5. *Ibidem*, 10.

Capítulo 10

1. David Matheson e Jim Matheson, *The Smart Organization* (Boston: Harvard Business School Press, 1998).
2. Vincent P. Barabba, o executivo que instiga o processo de decisão na GM, conta a primeira parte da história em *Meeting of the Minds* (Boston: Harvard Business School Press, 1995). Até essa altura, era um trabalho em andamento. O livro de

Barabba *Surviving Transformation* (Nova York: Oxford University Press, 2004) completa a história. Você pode ter uma pequena amostra em um arquivo de *webcast* produzido pelo Strategic Decisions Group em setembro de 2004 (e um sumário executável para *download*). Este *webcast* apresentou Barabba e seus sucessores na GM, www.sdg.com/home.nsf/sdg/eBriefings__eBriefingArchive.

3. Entrevista de Vincent P. Barabba a Richard Luecke, 31 de janeiro de 2005.
4. Barabba, *Meeting of the Minds,* 203-204, 219.

Glossário

ABORDAGEM DE DEFESA. Na tomada de decisão, um comportamento em que as pessoas argumentam em favor de suas posições sem considerar as necessidades de outros departamentos ou de toda a empresa. Os defensores em geral apóiam suas posições em dados e pressupostos favoráveis, enquanto omitem informações contrárias.

ABORDAGEM DE INQUIRIÇÃO. Na tomada de decisão, um processo aberto em que as pessoas fazem perguntas de sondagem, exploram diferentes pontos de vista e identificam uma ampla gama de opções, com o objetivo de chegar a uma decisão que o grupo tenha criado coletivamente.

ALTERNATIVA HÍBRIDA. Uma nova alternativa formada pelas melhores características de outras opções.

ANALOGIA. Uma inferência segundo a qual se duas ou mais coisas em uma nova situação combinam com o que vivemos no passado, elas provavelmente combinarão em outros aspectos.

ANCORAGEM. Uma tática de negociação que tenta estabelecer uma posição inicial em torno da qual as negociações acontecerão. Nas circunstâncias corretas, a primeira pessoa a colocar as cartas na mesa estabelece um ponto de ancoragem psicológico em redor do qual acontecerão a discussão e as contra-ofertas.

ARMADILHAS DE DECISÃO. Comportamentos humanos que levam pessoas inteligentes a tomarem decisões ruins. Incluem a ancoragem, o excesso de confiança, o de evidências de confirmação e falsas analogias.

CÃO DE GUARDA INTELECTUAL. Uma técnica de decisão que começa pela divisão da equipe de decisão em dois grupos. Um grupo depois é solicitado a criticar e melhorar a decisão do outro grupo.

CATCHBALL. Um método de melhorar idéias e promover a aceitação entre os participantes. Uma idéia inicial é "lançada" a colaboradores para que a considerem. Quem "pegar" a idéia assume a responsabilidade de entendê-la, refletir sobre ela e melhorá-la de alguma forma. Essa pessoa depois lança a idéia melhorada de volta ao grupo, quando, novamente agarrada, ela é, assim se espera, aprimorada ainda mais.

CONTEXTO. O ambiente de relacionamentos e comportamentos interpessoais em que as idéias e informações serão consideradas e as decisões serão tomadas. Também a construção mental pela qual vemos a realidade ou um determinado problema.

CUSTOS IRRECUPERÁVEIS OU *SUNK COSTS*. Investimentos de tempo ou dinheiro que não podem ser recuperados.

INTUIÇÃO. O processo mental de avaliação de situações e formação de conclusões sem a intervenção de informações ou análises factuais. Muitos acreditam que o que chamamos de intuição se baseia em lembranças, reconhecimento de padrões, experiência, condicionamento e pontos de vista pessoais antigos.

MATRIZ DE PRIORIZAÇÃO. Um método de avaliação usado para comparar o grau em que várias alternativas chegam a um objetivo. Usa pontuações para classificar cada alternativa; a alternativa com a pontuação mais alta tem mais probabilidade de ser sua melhor opção.

MÉTODO DE RETORNO DO INVESTIMENTO OU *PAYBACK*. Um método de análise financeira que calcula quanto tempo levará para um investimento se pagar.

PENSAMENTO GRUPAL OU *GROUPTHINK*. Um modo de pensar que afeta grupos muito coesos, cujos membros empenham-se pela unanimidade a ponto de "atropelar" uma avaliação realista de rumos alternativos. As pessoas afetadas pelo pensamento grupal são direcionadas para uma visão convergente, menos por objetividade do que por pressão psicológica social. Desse modo, elas inadvertidamente reduzem o pensamento crítico e o debate e excluem informações que entram em conflito com a visão do grupo.

PONTO-CONTRAPONTO. Um processo de melhoria de decisão interativa que envolve dois grupos. Um grupo propõe uma decisão e inclui seu raciocínio, informações de apoio e principais pressupostos; depois a proposta é apresentada ao segundo grupo, cuja tarefa é identificar um ou mais planos alternativos e apresentá-los ao primeiro grupo. Os dois grupos, em seguida, debatem as propostas até que todos concordem com uma decisão.

PREVISÃO DE CLASSE DE REFERÊNCIA. Um método que requer que os previsores (1) identifiquem uma classe de referência de projetos análogos do passado, (2) determinem a distribuição dos resultados para aqueles projetos e (3) coloquem o projeto a ser considerado em um ponto adequado ao longo dessa distribuição.

SISTEMA DE ESTÁGIO-PONTOS DE DECISÃO. Uma série alternante de etapas de desenvolvimento e portões de avaliação que tem como objetivo a eliminação precoce de idéias prejudiciais e tempo de lançamento mais rápido aos possíveis vencedores.

TABELA DE *TRADE-OFF*. Um método de comparação de atributos importantes de alternativas.

TROCA EQUILIBRADA. Uma alternativa que é equivalente a outra alternativa em um *trade-off*.

VALOR PRESENTE (VP). O valor monetário atual de um pagamento futuro descontado de uma taxa composta anual.

VALOR PRESENTE LÍQUIDO (VPL). O valor presente de um ou mais fluxos de caixa futuros, menos quaisquer custos iniciais de investimento.

PREDISPOSIÇÃO A EVIDÊNCIAS DE CONFIRMAÇÃO. Predisposição comum que estimula as pessoas a procurarem evidências que apóiem seu ponto de vista enquanto desprezam ou descartam evidências em contrário.

Leituras recomendadas

Artigos

BAGLEY, Constance E. "The Ethical Leader's Decision Tree." *Harvard Business Review*, fevereiro de 2003. Se você desenvolver dispositivos para o controle opcional de poluição em sua fábrica no exterior, terá você violado seu dever de maximizar o valor do acionista? Esse artigo proporciona um contexto para expor os conflitos entre os atos e a ética corporativos e pode ajudar a esclarecer dilemas éticos — e livrar-se potencialmente de decisões ruins.

BONABEAU, Eric. "Don't Trust Your Gut." *Harvard Business Review*, maio de 2003. A intuição tem papel importante na tomada de decisão, mas pode ser perigosamente pouco confiável em situações complicadas. O autor descreve os riscos da intuição, como uma tendência a favorecer informações que confirmem nossos pressupostos, uma necessidade humana de ver analogias em acontecimentos do passado e assim por diante. Ele propõe um novo conjunto de ferramentas analíticas que você pode usar para alavancar seus instintos sem ser sabotado por seus pontos fracos.

CHARAN, Ram. "Conquering a Culture of Indecision." *Harvard Business Review* OnPoint Enhanced Edition, março de 2002. Seriam os gerentes de sua empresa incapazes de tomar decisões difíceis quando necessário? O autor Ram Charan, baseando-se em 25 anos de observação de comportamento organizacional, afirma que a incapacidade de tomar ações decisivas está fundamentada na cultura da empresa. Mas, observa Charan, assim como os líderes criam uma cultura de indecisão, eles também podem rompê-la. Esse artigo proporciona orientação para os líderes que precisam tirar a organização da inércia e levá-la à ação.

GARVIN, David A. e Michael A. Roberto. "What You Don't Know About Making Decisions." *Harvard Business Review*, setembro de 2001. A maioria dos executivos pensa que a tomada de decisão é um evento único que ocorre em um determinado ponto do tempo. Na realidade, contudo, a tomada de decisão é um processo vulnerável a jogos de poder, política, nuances pessoais e história institucional. Os líderes que reconhecem isso tomam decisões muito melhores do que aqueles que perseveram na fantasia de que as decisões são eventos que eles controlam sozinhos. Dito isso, alguns processos de tomada de decisão são muito mais eficazes do que outros. Com mais freqüência, os participantes usam um processo de defesa de opiniões, possivelmente a forma menos produtiva de conseguir fazer o que se quer. Eles vêem a tomada de decisão como uma disputa: argumentam apaixonadamente em favor de suas soluções preferidas, apresentam informações de forma seletiva, eliminam dados relevantes e conflitantes para que possam ter argumento convincente e mantêm-se firmes contra a oposição. Muito mais poderoso é um processo de inquirição, em que as pessoas consideram uma variedade de opções e trabalham juntas para descobrir a melhor solução. Passar da defesa para a inquirição requer atenção cuidadosa a três fatores críticos: fomentar o conflito construtivo, e não o pessoal; certificar-se de que todos os participantes saibam que suas opiniões receberão a devida consideração, mesmo que não sejam aceitas no fim, e saber quando encerrar as deliberações. Os autores discutem, em detalhes, estratégias para passar do processo de defesa para o de inquirição, bem como para fomentar o conflito construtivo, a consideração verdadeira e o encerramento oportuno. Eles também oferecem um contexto para avaliar a eficácia de seu processo enquanto você ainda o está desenvolvendo. A tomada de decisão está no cerne da liderança e requer talento para o equilíbrio: a capacidade de adotar a divergência que pode caracterizar as primeiras discussões e forjar a unidade necessária para a implementação eficaz.

GARY, Loren. "Cognitive Bias: Systematic Errors in Decision Making." *Harvard Management Update*, abril de 1998. A capacidade dos gerentes de assumirem uma abordagem puramente racional à tomada de decisão é enfraquecida por informações insuficientes sobre os próprios problemas, por limites de dados disponíveis e por percepções que os inibem de determinar as opções ideais. Nosso julgamento é orientado por um conjunto de comportamentos sistemáticos, ou heurísticas. Esse artigo discute as três heurísticas amplas — a das disponibilidade, a da representatividade e a de ancoragem e ajuste — e identifica os 13 erros mais comuns que os gerentes cometem na tomada de decisão.

HAMMOND, John S. III, Ralph L. Keeney e Howard Raiffa. "Even Swaps: A Rational Method for Making Trade-Offs." *Harvard Business Review*, março-abril de 1998. Como você faz *trade-offs* quando compara opções muito díspares? No passado, os agentes de decisão careciam de uma metodologia racional e de fácil uso de *trade-off*. Para ajudar a preencher essa lacuna, os autores desenvolveram um sistema — que eles chamam de "trocas equilibradas" — que proporciona uma forma prática de fazer *trade-offs* entre um leque de objetivos por uma gama de alternativas. Embora o método de troca equilibrada não vá facilitar uma decisão complexa, ele oferece um mecanismo confiável para fazer negociações e um contexto coerente para tanto. (Observação: As trocas equilibradas descritas nesse artigo também são abordadas em *Smart Choices*, dos autores, listado em Livros.)

HAMMOND, John S. III, Ralph L. Keeney e Howard Raiffa. "The Hidden Traps in Decision Making." *Harvard Business Review* OnPoint Enhanced Edition, novembro de 2000. A mente humana tende a distorções e caminhos que podem solapar até o mais bem pensado dos processos de tomada de decisão. Esse artigo examina oito armadilhas psicológicas que têm probabilidade particular de afetar o modo como tomamos decisões de negócios. A melhor maneira de evitar essas armadilhas é a consciência — prevenir é melhor do que remediar. Os autores também mostram aos executivos como tomar outras medidas simples para protegerem suas organizações e a si mesmos dos vários tipos de lapsos mentais. (Observação: As armadilhas descritas nesse artigo também são abordadas em *Smart Choices*, dos autores, listado em Livros.)

LOVALLO, Dan e Daniel Kahneman. "Delusions of Success: How Optimism Undermines Executives' Decisions." *Harvard Business Review*, julho de 2003. Três quartos das iniciativas de negócios soçobram; novas fábricas, fusões e aquisições mal atingem suas expectativas. Por quê? A resposta, de acordo com os autores, é o otimismo ilusório. As empresas dão demasiada ênfase a benefícios em potencial, subestimando os custos e ignorando a possibilidade de grandes erros. Lovallo e Kahneman descrevem os principais mecanismos cognitivos que fazem com que os executivos vejam o mundo através de lentes cor-de-rosa. Melhor ainda, eles oferecem uma receita para o que chamam de "visão de fora", que pode ajudar os agentes de decisão a fazer avaliações mais realistas de suas previsões.

MORGAN, Nick. "Put Your Decision Making to the Test: Communicate." *Harvard Management Communication Letter*, novembro de 2001. A comunicação é parte essencial da boa tomada de decisão. Esse artigo sugere que o processo de desenvolvimento das comunicações é o melhor método para garantir uma boa decisão. Morgan escreve: "Se você puder contar uma história convincente, que apresente a base para sua decisão a um colega cético, explicando o que é e como você chegou a ela, que alternativas havia e por que você as rejeitou — então é possível que você tenha pensado o suficiente em sua decisão."

SAUFFER, David. "How Good Data Leads to Bad Decisions." *Harvard Management Update*, dezembro de 2002. Por que os gerentes baseiam suas decisões atuais em situações passadas que parecem análogas? Porque eles não se lembram bem. Tomar uma decisão com base em precedente histórico tem várias armadilhas, e em geral você percebe tarde demais que a situação anterior era muito diferente da atual. Embora seja benéfico usar as experiências e decisões do passado, você precisa entender como tomar as melhores decisões na situação atual.

STRAUS, David e Pat Milton. "Collaborative Decision Making." *Training and Development*, julho de 2003. A tomada de decisão de comando e controle é ultrapassada, não é? Mas chegar ao consenso nem sempre é o ideal, em especial se há interferência de restrições de tempo. O que o líder faz? Esse artigo delineia um contexto prático para determinar o nível adequado de envolvimento em uma variedade de situações de tomada de decisão.

Livros

HAMMOND, John S. III, Ralph L. Keeney e Howard Raiffa, *Smart Choices: A Practical Guide to Making Better Decisions.* Boston: Harvard Business School Press, 1999. Tomar decisões inteligentes é uma habilidade fundamental da vida, relevante para todos: gerentes, médicos, advogados, professores, estudantes, pais, jovens, velhos. Como suas decisões configuram e influenciam o rumo de sua carreira profissional e a qualidade de sua vida pessoal, a capacidade de tomar boas decisões é um fator-chave na determinação da realização de suas metas. *Smart Choices* mistura a arte e a ciência da tomada de decisão em uma abordagem simples e direta para tomar decisões difíceis. Os autores Hammond, Keeney e Raiffa, entre os mais conhecidos especialistas do mundo em solução de problemas de decisão complexos, mesclam a arte e a ciência da tomada de decisão em passos acessíveis que o levam a considerar suas opções tanto de forma intuitiva como analítica. Seu método pode ser aplicado a decisões de negócios, pessoais e familiares.

MACKAY, Charles. *Extraordinary Popular Delusions and the Madness of Crowds.* Nova York: Barnes & Noble Books, 2004. Publicado pela primeira vez em 1841, esse livro contém o estudo de Mackay da psicologia das massas, mania de massas e a loucura humana ao longo dos tempos. Estas incluem várias fraudes, patifarias, excentricidades e ilusões. Mackay (1814-1889) foi um jornalista escocês, escritor de sucesso e compositor. Sua obra gerou um interesse duradouro, em particular entre os investidores que seguem a forma "contrária" dessa arte. Qualquer pessoa interessada em tomada de decisão achará divertidas e instrutivas as descrições de Mackay das falhas de julgamento humano.

MATHESON, David e Jim Matheson. *The Smart Organization*. Boston: Harvard Business School Press, 1998. Esse livro identifica as principais práticas que permitem que organizações bem-sucedidas forneçam um fluxo de produtos e serviços vencedores. As organizações inteligentes, segundo os autores, internalizaram nove princípios que são essenciais na criação de culturas corporativas que destaquem a tomada de decisões estratégicas corretas na época certa. Esses princípios incluem adotar a incerteza, tomar decisões disciplinadas e fomentar uma cultura de criação de valor.

PLOUS, Scott. *The Psychology of Judgement and Decision Making*. Nova York: McGraw-Hill, 1993. Escrito por um psicólogo social, esse livro destila a literatura do campo no que se refere à tomada de decisão e a torna acessível a leitores leigos. O autor examina o comportamento individual e de grupo, ingredientes críticos da tomada de decisões nos negócios. De particular interesse é a seção "Heuristics and Biases" ("Heurística e tendências"), que inclui capítulos sobre probabilidade e risco, ancoragem, atribuição, correlação, causação e controle.

ROWE, Alan J. *Creative Intelligence*. Upper Saddle River, NJ: Prentice Hall, 2004. Gerar alternativas viáveis é uma das principais habilidades do agente de decisão. A criatividade tem papel importante nessa habilidade. Nesse livro, Alan Rowe introduz quatro tipos de criatividade — intuição, inovações, imaginação e inspiração — e propõe estratégias que você pode usar para aproveitá-las.

ROWE, Alan J. e James Boulgarides. *Managerial Decision Making*. Nova York: Macmillan, 1992. Esse ótimo livro examina a tomada de decisão de quatro perspectivas: os agentes de decisão e seus estilos; o contexto organizacional da tomada de decisão; a solução criativa de problemas e ferramentas de decisão; e as implicações estratégicas da globalização e da mudança ambiental na tomada de decisão. Repleto de *insights* e exemplos de organizações de negócios.

RUSSO, J. Edward e Paul J. H. Shoemaker. *Winning Decisions*. Nova York: Currancy, 2001. Os autores atacam o tema de quatro ângulos: contextualizar, reunir informações, chegar a conclusões e aprender com a experiência. Este último é particularmente útil e singular. O livro contém planilhas e muitos exemplos extraídos das experiências dos autores com grandes corporações.

SUROWIECKI, James. *The Wisdom of Crowds.* Nova York: Doubleday, 2004. Nesse pequeno e intrigante livro James Surowiecki, um escritor de finanças e colaborador regular da *New Yorker*, declara que o julgamento coletivo de muitos em geral é mais inteligente do que o de uma pessoa ou poucos especialistas, independentemente de seu brilhantismo. Essa visão contraria o ponto de vista sustentado por gerações educadas pelo clássico de Mackay, *Popular Delusions and the Madness of Crowds.* Surowiecki cita quatro razões pelas quais muitos são mais inteligentes do que os poucos mais inteligentes: há uma diversidade de opiniões; as opiniões das pessoas são independentes (isto é, não são determinadas pelos que as cercam); os participantes baseiam-se em conhecimento local, e há um mecanismo para transformar julgamentos particulares em decisão coletiva. Exemplos da Ciência, da Economia, da Administração e da História Militar ilustram esses argumentos.

Índice remissivo

Sobre o consultor

ALAN J. ROWE é professor emérito de administração e organização na Universidade do Sul da Califórnia. Tem bacharelado e mestrado em engenharia industrial na Universidade de Colúmbia. Sua tese descreve um dos primeiros usos de simulação de computador para a indústria.

O Dr. Rowe foi diretor de dinâmica industrial na assessoria corporativa da Hughes Aircraft, responsável por sistemas de gestão de projetos e por sua informatização. Enquanto estava na assessoria corporativa da General Electric, prestou consultoria para 110 departamentos operacionais. Foi gerente de pesquisa da System Development Corporation, empresa na qual aplicou um dos primeiros modelos de simulação para a administração.

É autor ou co-autor de 12 livros, inclusive *Creative Intelligence*, *Intelligent Information System*, *Strategic Management: A Methodological Approach* e *Managerial Decision Making*. Além de sua experiência na indústria, o Dr. Rowe dirigiu o departamento administrativo e foi diretor assistente da faculdade de administração da Universidade do Sul da Califórnia. Foi presidente da sociedade Phi Kappa Phi da USC e recebeu o prêmio de Membro Eminente. Também foi homenageado com o Diploma Emérito de Honra da Universidade Pepperdine.

Seu livro mais recente, *Creative Intelligence*, traz uma nova e ousada abordagem à compreensão e à aplicação da criatividade.

Sobre o autor

RICHARD LUECKE é autor de muitos livros da série Harvard Business Essentials. Residente em Salem, Massachusetts, Luecke foi autor ou colaborador de mais de quarenta livros e dezenas de artigos sobre um amplo leque de assuntos relativos à Administração. Tem MBA da Universidade de St. Thomas. Contatos com Suecke podem ser feitos pelo e-mail: richard.luecke@verizon.net.

Este livro foi composto na tipologia Minion, em corpo 11/16, e impresso em papel off-set 90g/m^2 no Sistema Cameron da Divisão Gráfica da Distribuidora Record.